50 philosophische Geschichten für Kinder

Mit Frageimpulsen zum Nach- und Weiterdenken

Nel de Theije-Avontuur

Impressum

Titel der deutschen Ausgabe
50 philosophische Geschichten für Kinder
Mit Frageimpulsen zum Nach- und Weiterdenken

Titel der niederländischen Originalausgabe
Filosofische verhalen voor kinderen

Autorin
Nel de Theije-Avontuur

Titelbildmotiv
© ambrozinio – Fotolia.com

Übersetzung
Gabriele Steinbach

Druck
mediaprint solutions GmbH, Paderborn, DE

Bearbeitung für Deutschland

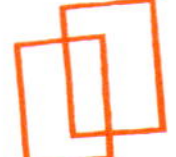

Verlag an der Ruhr
Mülheim an der Ruhr
www.verlagruhr.de

Geeignet für die Altersstufen 6–12

ISBN 978-3-8346-2747-6

Inhaltsverzeichnis

Vorwort

Eine der Geschichten in diesem Buch handelt von Keggi, einer Elster. In ihrem Nest bewacht sie ängstlich eine Sammlung glänzender Dinge. Es kostet sie ihre Ruhe und die Freundschaft einer anderen Elster. Mit der Zeit fühlt sie sich einsam und fragt sich, wie wertvoll diese Dinge eigentlich sind, wenn man sie nur für sich selbst aufbewahrt.

Sind wir nicht alle ein wenig so wie Keggi?

Als Erwachsene bewahren wir in uns selbst, was wir im Laufe unseres Lebens gelernt oder bekommen haben. Erfahrungen, durch die wir vielleicht etwas weiser geworden sind; Werte, die wir durch Hinfallen und Wiederaufstehen entdecken mussten; und auch Geschichten, die wir jemals gehört haben und die uns inspirierten.

Nun können wir diese Geschichten wie echte Schatzwächter verstecken, bewachen, für uns selbst behalten – genauso wie Keggi. Aber sind sie dann noch genauso kostbar? Oder sind sie nicht viel kostbarer, wenn sie mit anderen geteilt werden, wenn sie ihren Weg zu anderen Menschen finden, zu Kindern?

Einem Kind eine Geschichte zu erzählen, so dass es sich eine eigene Meinung darüber bilden kann, Fragen stellen kann, still werden oder darüber lachen kann, bedeutet, dem Kind ein Geschenk zu machen.

Mit diesem Buch werden alte und neue Geschichten weitergegeben, um sich auf den Weg zu machen. Es sind inspirierende Erzählungen, die die Kinder und uns einladen, über uns selbst, unser Verhalten anderen gegenüber, über universelle Werte und Sinnfragen nachzudenken und ins Gespräch zu kommen.

Ich hoffe, dass sie Sie, als erwachsenen Leser, berühren und dass das Bedürfnis, sie mit anderen zu teilen, wie von selbst daraus erwächst. Eine Geschichte in einem Buch ist nicht wertvoll – sie kann es aber werden.

Nel de Theije-Avontuur

(Avontuur heißt übrigens „Abenteuer“; Anm. d. Übers.)

Philosophieren mit Kindern

Universelle Werte und Normen im Großen und im Kleinen

In diesen philosophischen Geschichten geht es um alles, worüber man nachdenken kann, was uns beschäftigt und worüber Kinder sich ihre eigene Meinung bilden können und dürfen. Es geht um Dinge, die Menschen überall auf der Welt wichtig finden, und darum, wie sie damit umgehen. Es geht um universelle Werte und solche, die in den Kulturen der verschiedenen Länder auch unterschiedlich sein können. Vor allem geht es um die alltäglichen Normen, die auch in einem Kinderleben eine wichtige Rolle spielen. Die folgende Ausführung ist eine persönliche Sichtweise – mit Dank an die Sichtweise von anderen Menschen.

Universelle Bedürfnisse

Für jedes Geschöpf, also auch für den Menschen und seine Kinder, kommen die basalen Bedürfnisse an erster Stelle: das Bedürfnis nach Nahrung und einem sicheren Ort. Wenn es daran mangelt, entstehen Hunger, Unruhe und Leid. Wenn dieses Bedürfnis gestillt ist, entsteht mehr Raum für das Entdecken und Beschützen anderer wertvoller Dinge im Leben. In der Arbeit mit Kindern gilt es, das Bedürfnis nach Sicherheit zu beachten, bevor wir mit tiefergreifenden Gesprächsthemen beginnen.

Universelle Werte und kulturelle Werte

„Was ist das Wertvollste in deinem Leben?" Wenn Sie diese Frage weltweit verschiedenen Menschen stellen, bekommen Sie die unterschiedlichsten Antworten. Aber von welcher Kultur oder Religion man auch ausgeht – die großen universellen Werte werden immer gleich sein: Glück, Liebe, Freiheit, Frieden, Gerechtigkeit, Freundschaft, Respekt. Jede Form des Zusammenlebens kennt darüber hinaus noch eigene Werte, z. B. Verbundenheit, Teamgeist, Sicherheit, Atmosphäre.

Beschützen dieser Werte

Wenn etwas sehr wertvoll ist, muss es auch beschützt werden. Aber wie kann man universelle oder kulturelle Werte beschützen? Dafür gibt es Normen und Regeln. Das sind mündliche oder schriftliche Vereinbarungen, die nicht als Machtmittel, sondern als Hilfsmittel im Zusammenleben mit anderen Menschen gedacht sind.

Universelle Normen

Sie bestehen schon sehr lange und sind nun auch gedacht als Beschützer von universellen Werten, wie z. B. die Verantwortung Erwachsener für Kinder, für ihre Erziehung und Bildung, für die notwendige Hilfe. Voraussetzung dafür ist ebenso der Respekt vor der eigenen Person und die Unabhängigkeit von anderen wie das gerechte und neutrale Urteilen bei Konflikten. Wir alle tragen gemeinsam die Verantwortung für Natur und Umwelt. Diese Vereinbarungen können weltweit festgelegt sein, wie z. B. die Menschenrechte oder die Rechte der Kinder, oder sie können lokal unterschiedlich sein, wie die Stellung der Frau in der Gesellschaft.

Kulturelle Normen

Dies sind Vereinbarungen, die im eigenen Land, im Wohnort, in der Schule oder zu Hause, im Verein o. Ä. gültig sind, wie z. B. miteinander reden, sich gegenseitig nicht ärgern oder auslachen, nicht diskriminieren, die eigenen Sachen aufräumen und vieles mehr.

Potenziale und Eigenschaften in philosophischen Geschichten für Kinder

Um universellen Werten im eigenen Leben einen Platz zu geben und sie zu beschützen, braucht ein Mensch Eigenschaften wie Vertrauenswürdigkeit, Verantwortungsbewusstsein, Ehrlichkeit, Mut, Klarheit, Verbundenheit, Mitleid, Empathie etc. – mit anderen Worten: Er braucht „Tugenden". Die Kinder die Tugenden der Reihe nach zu lehren, hat wenig Sinn; sie Schritt für Schritt durch Humor und andere zu spiegeln, kann dagegen sehr hilfreich sein. Auf der ganzen Welt gibt es in Erzählungen Figuren, die uns zeigen, wie man etwas nicht machen sollte, und die uns Wege weisen, welche anderen Möglichkeiten es gibt: In West-Afrika taucht die Spinne Anansi auf, in der Türkei und Umgebung ist es Mullah Nasrudin, in Süd-Afrika ist es oft das Kaninchen. In unseren Ländern waren es in vielen alten Erzählungen und Fabeln oft Till Eulenspiegel und Reineke Fuchs. Diese Figuren kommen sicher auch in unseren Geschichten vor und bringen gleichzeitig Humor und Weisheit mit. Wenn wir zusammen darüber lachen können, verbindet uns das und wir gelangen zu neuen Erkenntnissen.

Werte, Normen und Eigenschaften in der Erziehung und im Unterricht

Wo finden wir die Werte und Normen in der Erziehung von Kindern und in den Unterrichtszielen? Erziehung bedeutet, den Kindern bei der Entwicklung von Eigenschaften, Möglichkeiten und Kompetenzen behilflich sein. Emotionale und soziale Kompetenzen spielen dabei eine wichtige Rolle.

Emotionale Kompetenzen

- Selbsterkenntnis
- Selbstvertrauen
- Umgang mit den eigenen Emotionen, der eigenen Lebenshaltung etc.

Soziale Kompetenzen

- Umgang mit anderen Menschen
- auf Unterschiede adäquat reagieren
- anderen Menschen vertrauen
- Empathie
- sich wehren können
- in der Gruppe spielen und arbeiten können etc.

Im weiteren Umfeld ist es der Umgang mit der Natur, der Umwelt und den Informationen aus dem Internet und anderen Medien.

Emotionale und soziale Kernziele im Unterricht

- verantwortlich sein für die eigene körperliche und seelische Gesundheit und die von anderen
- sich nach allgemein anerkannten Werten und Normen in der Gruppe verhalten
- die unterschiedlichen Religionen und Lebensauffassungen einer multikulturellen Gesellschaft kennenlernen und respektieren
- verantwortlicher Umgang mit Natur, Umwelt und Ressourcen

Sinn und Bedeutung als Ziel

Dabei geht es um das Ziel, dem wir selbst und zusammen mit unseren Kindern nachstreben: dass das, was wir tun, unsere Aufmerksamkeit und Hingabe wert ist. Es geht um das Gefühl, dass wir etwas Sinnvolles tun, unserem Leben selbst einen Sinn geben. Wir werden dabei auch mit unseren Fehlern und Schwächen konfrontiert und müssen lernen, damit umzugehen. Das müssen Kinder auch erst lernen. Innerhalb der Gespräche mit Kindern über die Inhalte der Geschichten geben wir ihnen den Raum, darüber zu philosophieren und nachzudenken.

Philosophieren mit Kindern über Geschichten – im Unterricht, zu Hause, in der Jugendarbeit oder anderswo

Eine Geschichte kann für ein Kind eine große Bedeutung haben. Sie erhält aber noch einen zusätzlichen Wert, wenn man darüber spricht. Dabei ist eine offene, einladende und geschützte Atmosphäre sehr wichtig, in der man zusammen nachdenken, zuhören, Gedanken und Ansichten teilen oder ändern kann, voneinander lernen kann, wachsen und weiser werden kann. Die Geschichten sind der Ausgangspunkt. Die Rolle des Erzählers ist sehr wichtig. Je mehr der Erzähler die Geschichte verinnerlicht hat, desto glaubwürdiger wird sie angenommen. Noch wichtiger ist die Rolle des Gesprächsleiters – das kann der Erzähler sein, muss aber nicht. Wenn er in seiner Rolle neutral und einladend ist, ist er ein Philosoph im buchstäblichen Sinn des Wortes: ein Freund der Weisheit. Die Kinder können so den Raum ihrer eigenen Gedanken erfahren. Jeder Beitrag zum Gespräch ist dabei wertvoll.

Voraussetzungen für das Philosophieren mit Kindern

- ausreichend Zeit
- ein ruhiger Ort, z. B. ein besonderer Raum in der Schule oder eine entspannende Gestaltung des Raumes innerhalb der Klasse mit Kissen und Decken, die zum Zuhören und Teilen von Gedanken einlädt
- eine Geschichte, die thematisch zu den Kindern passt, in der die Hauptfigur Identifikationscharakter hat, deren Erlebnisse geteilt werden können und zu der in Bildern Fragen aufgeworfen werden
- ein Erzähler
- ein Gesprächsleiter: der Erzähler oder auch ein Kind; wichtig: neutral sein, sich des eigenen Suchens und Fragens bewusst sein
- offene Fragen, auf die es keine klaren und richtigen Antworten gibt, sondern Fragen, die zum Nachdenken und Weiterfragen anregen
- gezielte Fragen, die manchmal nötig sind, um die Kinder wieder zum eigentlichen Thema zurückzubringen
- eine geschützte Atmosphäre, in der es nicht darum geht, wer Recht hat, sondern darum, zusammen auf der Suche zu sein; eine Atmosphäre, in der jedes Kind sich zu Hause fühlt
- Genießen, denn Philosophieren macht einfach Spaß!

Philosophieren mit Kindern zeigt mit der Zeit seine Wirkung in allen Lebensbereichen: in der Klasse, zu Hause, im Verein, in der Nachbarschaft, in der Gesellschaft. – Und wer weiß, wer davon weiser wird …?!

Auswahl der Geschichten und Fragen

Die Suche nach inspirierenden Geschichten

Es war eine lange Reise durch die ganze Welt auf der Suche nach Geschichten aller Völker, Kulturen und Religionen, die jahrhundertelang bewahrt und weitergegeben wurden. In Büchern und im Internet habe ich viele geeignete Geschichten gefunden.

Eine Geschichte für Kinder

Der nächste Schritt war die Frage, ob die entsprechende Geschichte auch für Kinder geeignet ist. Passen die Themen und der Kontext zu den Kindern oder kann man eine Geschichte für Kinder daraus machen?

Eine kurze Geschichte

Nun musste es eine kurze Geschichte werden, ohne dabei an Inhalt zu verlieren. – Warum kurz? Weil es nicht um die Geschichte an sich geht. Das bedeutet nicht, dass die Geschichte nicht alle Aufmerksamkeit verdient hätte, die ihr zukommt. Sehr wohl! Es kann sogar sinnvoll sein, noch Dinge hinzuzufügen oder die Geschichte auszuschmücken, abhängig davon, welches Kind, welche Kinder und welche Situation man vor sich hat. Aber letztendlich geht es um die Fragen, die in den Kindern aufgerufen werden und die gemeinschaftlich in der Gruppe besprochen werden können. Das eigentlich Wichtige ist das Suchen nach Antworten – nach Antworten, die nicht festgelegt, sondern lebendig und veränderbar sind.

Philosophische Geschichten für Kinder

Die wichtigste Frage ist natürlich, ob man über die Geschichte gemeinsam mit den Kindern philosophieren kann. Nicht jede Geschichte ist automatisch eine philosophische Geschichte. Es gibt wunderbare Geschichten, die aber in sich so abgerundet sind, dass man kaum weitere Fragen dazu stellen kann. In einer philosophischen Geschichte geht es um Figuren, in denen sich ein Kind spiegeln, mit denen es sich identifizieren kann. Eine solche Geschichte enthält eine Botschaft, die zum Nach- und Weiterdenken stimuliert – entweder verborgen durch eine Metapher oder klar und deutlich.

Metaphern

Die Kraft einer Geschichte liegt oftmals in einer gut ausgewählten Metapher oder einem Bild, einer Figur oder Situation, die in der Geschichte den Platz des Kindes oder der Menschen aus dem Umfeld des Kindes einnimmt. Sie kann aber auch die gesamte Wirklichkeit des Kindes darstellen. Für ein Kind ist eine Metapher weniger konfrontierend. Die Geschichte wird mit Abstand erlebt und doch zugleich intensiv erfahren. Eine gute Metapher enthält eine positive Botschaft und kann sogar die Selbstheilungskräfte und das Vermögen zur Resilienz aktivieren.

Die Fragen

Zwei Sorten von Fragen werden benötigt: offene und zielgerichtete Fragen. Offene Fragen, um den Kindern den Raum zu ermöglichen, selbstständig zu denken und sich eine eigene Meinung zu bilden. Zielgerichtete Fragen, um das Gespräch wieder auf das Thema der Geschichte zu lenken.

Handhabung des Buches

Lassen Sie die Geschichte kurz auf sich wirken. Was bewirkt sie in Ihnen? Passt sie zu den Kindern Ihrer Gruppe? Welche Bedeutung kann sie für die Kinder haben? Glauben Sie, dass die Geschichte hilfreich ist, um darüber nachzudenken, was sinnvoll, wertvoll und wichtig im Leben ist? Was lebt in den Kindern? Muss der Geschichte noch etwas hinzugefügt werden? Welche eigenen Erfahrungen haben die Kinder? Jeder Beitrag ist wertvoll! Gibt es Dinge in der Geschichte, die vorab noch erklärt werden müssen? Lassen Sie den Kindern zunächst den Raum für spontane Reaktionen, danach kann mit einem Gespräch begonnen werden.

 Gesprächsleitfaden

Nach jeder Geschichte gibt es unter „Gesprächsleitfaden" einige Hilfestellungen für ein Gespräch. Zunächst wird etwas über den Inhalt und die Herkunft der Geschichte erzählt. Dann folgen Erläuterungen zu Alter, Gehalt und Kernzielen sowie schließlich die Fragen.

Alter

Einteilung in Altersgruppen. Bei manchen Geschichten gibt es eine Version für jüngere und eine für ältere Kinder.

Gehalt

Hier werden die wichtigsten Themen benannt. Weitere Themen können daraus entstehen und entwickelt werden.

Kernziele

Die wichtigsten Kernziele werden erläutert.

Offene Fragen

Fragen, abgestimmt auf die Kinder und die Gruppe.

Übersicht über alle Geschichten

Nr.	Geschichte	Alter	Thema	S.
16	Der Hase, der dachte, dass die Welt untergeht	8–12	Mit Angst umgehen. Begründete oder unbegründete Angst. Die Wirkung von Ruhe oder Angst eines anderen auf uns selbst und wie wir damit umgehen.	48
17	Allewinde	6–12	Der Unterschied zwischen wirklich lieben und besitzen wollen. Der Wert von Glück. Der Wert von Besitz. Anders auf den Verlust von eigenen Dingen reagieren als auf den Verlust von Besitz der anderen.	51
18	Wie Hippo sein schönes Fell verlor	6–12	Sich selbst und das eigene Aussehen am wichtigsten finden und die Folgen davon. Chef spielen. Anderen nicht zuhören wollen.	53
19	Die Spieluhr	6–8	Erkennen von Habsucht. Sich an Versprechen halten. Die Versuchung, ein Versprechen zu brechen. Etwas gemeinsam mit anderen genießen oder es für sich allein haben wollen. Nicht warten können.	55
20	Der Tanz des Kranichs	8–12		56
21	Osten, Westen – zu Hause am besten?	6–8	Glück, Zufriedenheit, Unzufriedenheit, schwermütig oder lebenslustig sein. Sich verändern wollen/können oder nicht. Durch einen anderen Menschen verändert werden, einen anderen Blickwinkel bekommen für das, was war oder ist.	60
22	Die kleine und die große Welt	8–12		61
23	Die Weisheit des Kantil	8–12	An anderen verdienen wollen. Jemandem einen Spiegel vorhalten. Sich für andere einsetzen. Beim Lösen von Problemen helfen.	64
24	Das Orchester der Grillen	6–8	Eifersucht. Dadurch andere verletzen. Vergebung.	67
25	Hiawatha	10–12	Träume und Ideale haben, Verwirklichung, Krieg und Frieden. Einsicht in die eigene Rolle bei Streit, beim Auflösen von Konflikten. Zulassen, dass sich die eigene Meinung ändert.	70
26	Die Mücke Nasum und der Elefant	6–12	Selbsterkenntnis. Das Gefühl für den eigenen Wert. Sich selbst wichtig finden und denken/wollen, dass die anderen es ebenfalls so empfinden. Umgang mit Verhalten von anderen, um Eindruck zu machen.	73
27	Frau Schnecke bekommt ein Haus	6–8	In sich selbst zu Hause sein. Sich mit anderen wohlfühlen. Das Gleichgewicht zwischen dem Alleinsein und dem Zusammensein mit anderen finden. Das Recht, eine eigene Wahl zu treffen, gleichzeitig Berücksichtigung von sozial erwünschtem Verhalten. Die Reaktion von anderen auf die eigene Wahl.	75
28	Wie die Schildkröte zu ihrem Panzer kam	8–12		76
29	Ein weißer Schwanz	6–12	Selbstbild. Umgang mit Unterschieden. Diskriminierung. Spielen und einander akzeptieren. Wann gehört dir etwas? Nachbarschaft.	79
30	Gemeinsam zu schlau für die Jäger	6–8	Zusammenarbeiten. Nur an sich selbst denken. Angst. Offen sein für die Ideen anderer. Reagieren aus Ohnmacht oder in Panik.	81
31	Die Suppenlöffel	8–12		82

Nr.	Geschichte	Alter	Thema	S.
32	Onkel Grille, der Wahrsager	6–12	Selbsterkenntnis, Ehrlichkeit, Lügen. Notlügen. Stehlen. Die Wahrheit über andere erzählen oder nicht. Andere verraten. Sich selbst verraten.	85
33	Karl, der kleine Gänserich	6–8	Die Meinung von anderen und seine eigene Wahl treffen. Es ist nicht möglich, es allen recht zu machen.	87
34	Mullah Nasrudin, sein Sohn und der Esel	8–12		88
35	Frau Biber	8–12	Glauben. Wissen. Selbsterkenntnis. Wie gehe ich mit Unsicherheit um? Und mit der von anderen?	90
36	Pimpellotta	6–8	Glück. Schicksal oder Unglück? Selbstbild. Aus schönen und schlechten Erfahrungen lernen und wachsen, sich weiterentwickeln. Von anderen lernen, aus Situationen lernen.	92
37	Fatima und das Zelt	8–12		93
38	Die Affenbrücke	6–8	Für die eigene Sicherheit sorgen und für die von anderen. Füreinander verantwortlich sein. Nächstenliebe. Anderen helfen, wenn es nötig ist. Die Absicht von anderen verstehen.	97
39	Die große Welle	8–12		98
40	Warum Spinnen so oft in der Ecke sitzen	6–12	Für sich selbst sorgen und andere dabei mit berücksichtigen. Habsucht. Gier. Was ist Betrug? Was ist Schamgefühl? Weswegen schämt man sich?	101
41	Das „Ja, aber …"-Füchslein	6–8	Glück. Wodurch wird Sich-schlecht-Fühlen verstärkt, wodurch vermindert? Die eigene Haltung darin reflektieren. Die Bedeutung von anderen. Sich von anderen abhängig oder frei machen.	103
42	Glücklich ohne Hemd	8–12		104
43	Der Wolf und der Wachhund	6–12	Freiheit. Wie viel ist mir Freiheit wert? Unterschiedliche Bedeutungen von Freiheit.	108
44	Weiße Christbaumkugeln	6–12	Fest. Nur zum Schein nach außen etwas tun oder füreinander. Was ist wertvoll? Was kann ich selbst dazu beitragen? Feste miteinander feiern. Zusammen für Gemütlichkeit sorgen und verantwortlich sein.	110
45	Was man findet, darf man behalten?	6–12	Gerechtigkeit. Ehrlichkeit versus Eigeninteresse. Eigene Regeln aufstellen. Respekt vor anderen und deren Eigentum. Ursachen und Lösungen von Konflikten. Wo beginnt und wo endet Besitz?	112
46	Die kleine Fee	6–8	Beginn, Wachstum, Ausprobieren, Lernen. Schritte, um zu werden, wer man bist. Bei Entwicklungen hilfreich sein bedeutet: selbst entdecken lassen, selbst machen lassen.	114
47	Was möchtest du haben?	8–12		115
48	Der kleine Unkrautsamen	6–12	Selbstbild. Selbstwertschätzung. Respektieren und Wertschätzen von Eigenschaften und Unterschieden. Sich abhängig machen von der Wertschätzung durch andere.	118
49	Das Gewicht von Vertrauen	6–12	Ehrlichkeit. Vertrauen. Vertrauen missbrauchen. Unehrlichkeit als Ursache von Konflikten. Aufgaben von Führungskräften. Gerechtigkeit.	120
50	Der geduldige Büffel	6–12	Ärgern/Mobben – was ist der Unterschied? Welche Gründe gibt es dafür? Wenig Respekt vor anderen? Das Bedürfnis nach Aufmerksamkeit? Reaktionen.	122

50 philosophische Geschichten für Kinder

1 Keggi, die Elster

He ... Psssst! Man sagt, dass Elstern stehlen, aber das darf man nicht laut sagen. Denn das möchten sie nicht hören. Elstern würden sagen, dass sie Dinge mitnehmen, um sie in ihrem Nest aufzubewahren. Nun können diese schwarz-weißen Vögel natürlich viel erzählen, aber etwas von einem anderen Menschen mitzunehmen, ist doch Stehlen. Und erst recht, wenn man nicht vorhat, es wieder zurückzubringen.
Nun gut – diese Geschichte handelt von Keggi, der Elster. Keggi wohnt in einem Baum. Allein, denn er hat noch keine Frau und keine Kinder. Er liebt alle Glitzer-, Glimmer- und glänzenden Sachen. In seinem Nest liegen viele davon. Ein Edelstein, eine Kette, ein Nagel aus Kupfer. Wo er das alles her hat? Gefunden!
Eines Tages schaut Keggi durch ein Fenster in ein Haus hinein. Er sieht, wie eine Frau ein Armband mit schönen Steinen auf den Tisch legt und dann den Raum verlässt. Und dann liegt das Armband so ganz allein auf dem Tisch. Das Fenster ist sogar geöffnet! Keggi kann an nichts anderes mehr denken als an das schöne Schmuckstück. Soll er es wagen, durch das Fester hineinzuschlüpfen? Ja – er wagt es!

„Ich möchte den Schmuck nur einmal aus der Nähe anschauen", sagt Keggi zu sich selbst. Aber als er ganz nahe ist, kann er nur noch eines denken: „Ich will es haben!" Und schwupps – hat er das Armband schon im Schnabel. Er fliegt hinaus und sofort in sein Nest. Nun schaut er es sich genauer an – die Steine glänzen in allen Farben des Regenbogens. Keggi genießt es! Als es dunkel wird, glänzen alle seine Schätze nicht mehr. Keggi setzt sich in der Nähe auf einen Ast und schläft ein. Als er am nächsten Morgen aufwacht, gilt sein erster Blick seinen schönen Dingen und er erschrickt gewaltig. Sein Nest ist leer! Er wird sehr wütend. „Wer hat das getan?", ruft er. „Ich bin bestohlen worden!" Er sieht seinen besten Freund und fragt ihn: „Warst du das? Ja, ich sehe es schimmern in deinem Nest!" Er fliegt hin, ergreift alles, was dort liegt, und fliegt zurück in sein Nest. Dann ruft er: „Du bist nicht mehr mein Freund, du bist nicht ehrlich!"

Von diesem Tag an bewacht Keggi seinen kostbaren Besitz Tag und Nacht. Er schläft sogar auf seinen Schätzen im Nest, obwohl es sehr unbequem ist. Aber nach drei Tagen wird ihm langweilig und nach fünf Tagen fühlt er sich sehr allein. Er vermisst seinen Freund. Am siebten Tag fragt er sich: „Was ist eigentlich kostbar?"

Keggi findet seine Sachen plötzlich nicht mehr so wertvoll. Er nimmt das Armband und fliegt zu seinem Freund. „Für dich", sagt er.

Gesprächsleitfaden

Keggi, die Elster

Alter 6–12 Jahre

Gehalt Freundschaft, Ehrlichkeit. Der Wert von Freundschaft, der Wert von Besitztum. Was ist kostbar im Leben? Gier. Mit zwei Maßstäben messen. Den Balken im eigenen Auge nicht sehen.

Kernziele Was ist wichtiger und wertvoller im Leben: Freundschaft oder materielle Dinge? Was ist Ehrlichkeit? Wann kannst du nicht „Nein" sagen? Gewohnheiten, die man nicht einfach ändern kann. Stehlen.

Offene Fragen [?] Keggi möchte so gern etwas haben, was ihm nicht gehört. Möchtest du das auch manchmal? Was machst du dann? Was macht Keggi? Wie findest du das? – Keggi findet seinen Freund nicht ehrlich. Was denkst du? – Keggi findet seine glitzernden Sachen sehr kostbar. Ist das noch so für ihn, nachdem er sieben Tage lang darauf aufgepasst hat? Fehlt ihm etwas? Warum?

[?][?] Keggi kann nur noch daran denken, was er haben möchte – kennst du das? – Wolltest du auch schon einmal etwas haben, was einem anderen gehört hat? Warum? Was hast du gemacht? – Keggi findet seinen Freund nicht ehrlich und möchte mit ihm nichts mehr zu tun haben – wie findest du das? – Was ist für dich kostbar? Warum?

[?][?][?] Keggi nimmt das Armband mit. Später nimmt sein Freund das Armband aus seinem Nest. Das findet Keggi nicht ehrlich. Was glaubst du, wie er über sich selbst denkt? Warum? – Er möchte mit seinem Freund nichts mehr zu tun haben. Bist du auch schon einmal über etwas böse geworden, was ein anderer getan hat, obwohl du es selbst auch schon gemacht hast? Wie findest du das? – Nachdem er sieben Tage und Nächte lang auf seine Sachen aufgepasst hat, fragt er sich: Was ist eigentlich wertvoll? Weißt du es?

2 Mullah Nasrudin und seine Jacke

Mullah Nasrudin lag in seinem Bett und dachte noch ein wenig über den vergangenen Tag nach. Plötzlich fiel ihm ein, dass er seine Jacke zum Lüften an die frische Luft gehängt, aber vergessen hatte, sie wieder hereinzuholen. „Soll ich aufstehen und sie holen? Nein, es ist viel zu gemütlich im Bett und durch die Nachtluft wird sie noch viel frischer sein", dachte er und wollte einschlafen. Aber manchmal will man etwas und es gelingt trotzdem nicht. Der Mullah konnte einfach nicht einschlafen, er musste ständig an seine Jacke denken. „Was ist, wenn sie vom Kleiderbügel fällt – dann wird sie schmutzig", dachte er. „Nein, das passiert bestimmt nicht", beruhigte er sich selbst. „Aber vielleicht kommt jemand und macht meine Jacke kaputt? Oder stiehlt sie? Dann kann meine Jacke mich nicht mehr gegen Regen und Kälte beschützen."

Nun wurde er wirklich unruhig. Schlimmer noch, er glaubte, dass er Schritte im Garten hörte. Der Mullah stieg aus dem Bett und griff nach Pfeil und Bogen. Er schlich hinaus und sah, was er befürchtet hatte: Jemand war im Garten! Er dachte nicht länger nach, sondern spannte seinen Bogen und schoss alle Pfeile in Richtung der Gestalt ab. Nun war es still. Der Mullah hoffte, dass er den Dieb verjagt hatte. Es war zu dunkel, um genau zu erkennen, was geschehen war. Darum beschloss er, bis zum nächsten Morgen zu warten. Als die ersten Sonnenstrahlen am Horizont erschienen, erwachte er. Obwohl es noch viel zu früh war, stand er auf und ging hinaus. Nun konnte er sehr wohl etwas sehen. Und was sah er? Hatten seine Pfeile etwas getroffen? Ja, das hatten sie! Er hatte die Pfeile quer durch seine Jacke geschossen! Nun hatte sie große Löcher. Ja, nun konnte seine Jacke ihn nicht mehr gut gegen den Regen und die Kälte beschützen!

Gesprächsleitfaden

Mullah Nasrudin und seine Jacke

Hintergrund Über Mullah Nasrudin wurden viele Geschichten geschrieben. Man sagt, dass er in einem kleinen Dorf in der Türkei gelebt hat und dort der geistige Leiter gewesen sei. Die Geschichten über ihn werden benutzt, um Menschen zu spiegeln. Sie sind meist sehr humorvoll.

Alter 8–12 Jahre

Gehalt Wenig Vertrauen durch eigene Ängste verstärken. Durch deine Angst kann genau das passieren, wovor du Angst hast. Durch Angst ohne nachzudenken reagieren, wie ein Huhn ohne Kopf.

Kernziele Lernen, mit den eigenen Gefühlen umzugehen – hier: Angst.
Die Bedeutung von Angst im Leben, im Kontakt mit anderen.

Offene Fragen [?] Der Mullah macht sich Sorgen um seine Jacke. Warum? –
Der Mullah glaubt immer mehr an das, was er gerade denkt.
Wie hätte er noch reagieren können? Was hättest du getan? Warum?

[?][?] Er glaubt, etwas zu sehen und zu hören, und schießt. Glaubst du, dass er dabei noch nachgedacht hat? Wenn nicht, wie kam es dann dazu? – Passiert es dir auch manchmal, dass du nicht nachdenkst bei dem, was du tust? Was geschieht dann?

[?][?][?] Wovor hast du manchmal Angst? Hast du manchmal mehr Angst, als eigentlich nötig ist? Was könntest du anders machen? –
Hast du manchmal so viel Angst, dass du nicht mehr richtig nachdenken kannst? Was geschieht dann? Was könnte dir dann helfen?

Wie aus Koala der Bär wurde

Diese Geschichte wird bereits seit Jahrhunderten in Australien den Aboriginal- und anderen Kindern erzählt, um sie etwas über den Koalabären und über sich selbst zu lehren. Hör einmal genau zu:

Vor langer Zeit lebte ein kleiner Junge in einem Aboriginal-Dorf in Australien. Er hatte keine Familie mehr. Die Leute seines Stammes sorgten für ihn. Das gefiel ihm. Er brauchte nichts dafür zu tun und konnte machen, was er wollte. Meistens war das allerdings Unsinn.

Dann kam die Zeit einer großen Dürre über das Land. Durch die Bäche und Flüsse strömte kein Wasser mehr und auch die kleinen Wasserbecken, die Billabongs, trockneten aus. Die Menschen mussten eine weite Strecke zurücklegen, um an Wasser zu kommen. Jeder half mit – nur Koala nicht. Er bettelte so lange bei den anderen, bis sie ihn von ihrem Wasser trinken ließen.

Aber eines Morgens hatten sie genug von seinem Betteln und gaben ihm nichts mehr. „Nimm deinen eigenen Behälter und gehe selbst Wasser holen", sagten sie und gingen auf die Jagd oder auf das Feld zur Arbeit. Koala war allein. Alle Männer, Frauen und Kinder waren weg. Weil er Durst hatte, ging er auf die Suche nach dem Wasser der anderen. Er fand ihre Behälter im Schatten eines großen Strauches. Er trank so viel Wasser, wie er nur konnte. Danach versteckte er die Behälter hoch oben in einem Baum, sodass er immer genug zu trinken haben würde.

Am Abend kamen die anderen müde, hungrig und durstig nach Hause. Sie sahen, dass ihre Wasserbehälter leer oder weg waren und hatten sogleich Koala im Verdacht. Sie mussten ihn nicht lange suchen – er saß hoch oben in einem Baum. Die besten Kletterer beschlossen, hinaufzusteigen. Zunächst gelang es ihnen nicht, denn Koala ließ Wasser am Stamm des Baumes hinabrieseln, sodass er glitschig wurde. Aber das Wasser wurde immer weniger, der Stamm trocknete wieder und die Kletterer kamen immer näher. Koala begann zu jammern vor lauter Angst vor der Strafe, die er erhalten würde. Einer der Männer konnte ihn beinahe festhalten, aber Koala schlug so wild um sich, dass der Mann ihn fallen ließ.

Koala überlebte den Fall nicht. Erschrocken sahen die Leute auf den toten Koala. Und dann geschah etwas Eigenartiges: Koala bekam am ganzen Körper graue Haare. Seine Ohren richteten sich auf und wurden spitz. Seine Nase wurde klein und glänzte schwarz und er bekam dunkle Augen. Er war nicht mehr der Junge Koala, sondern Koala, der Bär.

Und Koala, der Bär, hat noch immer keine Lust, Wasser zu holen. Wenn er Durst hat, sucht er sich ein paar saftige Blätter und knabbert sie. Er hat auch immer noch schnell Angst. Er jammert laut, wenn jemand versucht, auf den Baum zu klettern, in dem er sitzt – genauso wie damals, als er noch Koala, der Junge, war.

Gesprächsleitfaden

Wie aus Koala der Bär wurde

Hintergrund

Diese Geschichte ist die Bearbeitung einer Aboriginal-Erzählung und wird seit Jahrhunderten in Australien weitererzählt. Sie gehört zu denjenigen Geschichten, die zum einen erzählt werden, um Dinge auf der Erde zu erklären, zum anderen möchten sie die Kinder etwas über ihr eigenes Verhalten lehren.

Alter

8–12 Jahre

Gehalt

Verantwortlich sein für sich selbst und für andere. Ehrlichkeit. Diebstahl. Faulheit. Sorge und Abhängigkeit.

Kernziele

Für sich selbst sorgen, wenn es möglich ist, gibt dir Selbstvertrauen, sich abhängig machen nicht. Für andere sorgen. Das Recht auf Versorgung. Die Arbeit und Versorgung von anderen nicht missbrauchen.

Offene Fragen

[?] Koala findet es gut, dass andere für ihn sorgen. Wie findest du das? – Für dich wird auch gesorgt. Wie? Wie fühlst du dich dabei?

[?][?] Als Koala kein Wasser mehr von den anderen bekommt, stiehlt er es einfach. Was hättest du getan? Warum? – Koala beginnt zu jammern, als die Männer in den Baum klettern. Warum? Was hätte Koala tun können? Was hättest du getan?

[?][?][?] Findest du es gerecht, dass die Dorfbewohner für Koala sorgen mussten? Warum? – Was hätte Koala für die Leute tun können? Wie hätte er sich dann vielleicht gefühlt? – Was tun andere für dich? Warum? Wie fühlt sich das für dich an? – Was tust du für andere? Wie fühlst du dich dabei? – Diese Geschichte wird noch immer den australischen Aboriginal-Kindern und Kindern auf der ganzen Welt erzählt. Verstehst du, warum?

Der Frosch und der Ochse

Auf einer Weide stand ein Ochse und träumte vor sich hin. Er hatte frisches Gras gefressen und verdaute es nun in aller Ruhe. Plötzlich sah er aus seinem Augenwinkel heraus etwas springen – etwas, das grün war, aber ein anderes Grün als das Gras. Es war klein und quakte. „Liebes Männchen", sagte der Ochse, „dafür, dass du so klein bist, machst du aber eine ganze Menge Lärm." „Nenne mich nicht klein!", quakte der Frosch. „Wenn ich es wollte, könnte ich größer als du sein." „Warum solltest du das wollen?", murmelte der Ochse und wollte wieder in Ruhe weiterkauen. „Warum ich das will? Das ist doch logisch!", quakte der Frosch nun noch lauter. „Warum sollst du der Größere von uns beiden sein? Das möchte ich sein! Jetzt pass einmal genau auf!"

„Tu, was du nicht lassen kannst", sagte der Ochse, „aber kannst du dann endlich mit dem Gequake aufhören?" Doch der Frosch hörte es schon nicht mehr. Er warf sich in die Brust und begann, sich selbst aufzublasen. Er wurde immer dicker und dicker und fing an, sich langsam zu verfärben. Erst wurde er rot und dann ganz blau! „Wenn das nur mal gut geht", dachte der Ochse. Und genau in diesem Moment machte es: knall! … Und der Frosch platzte. „Tja, genau, wie ich dachte", seufzte der Ochse.

Gesprächsleitfaden

Der Frosch und der Ochse

Hintergrund Diese Geschichte ist eine Bearbeitung der Originalgeschichte, die Aesop, einem griechischen Sklaven, zugeschrieben wird. Vor einigen hundert Jahren v. Chr. soll er viele Fabeln erzählt haben, die später u. a. durch Jean de la Fontaine aufgeschrieben wurden.

Alter 8–12 Jahre

Gehalt Wie andere sein wollen. Sich spiegeln wollen in der Größe eines anderen kann dazu führen, dass man eigene Stärken nicht mehr wertschätzt. Selbstüberschätzung; dadurch dich selbst in Gefahr bringen. Neid an Stelle von Selbstrespekt. Das Gras ist bei den Nachbarn immer grüner.

Kernziele Selbstrespekt, Wertschätzung deiner eigenen und einzigartigen Möglichkeiten. Selbsterkenntnis: die eigenen Schwächen kennen. Sich selbst überschätzen oder überfordern. Einen anderen schätzen in Bezug auf das, was er ist und was er kann, ohne es selbst auch sein zu wollen.

Offene Fragen

[?] Wollte der Frosch schon größer sein, bevor er den Ochsen gesehen hat? Warum? – Oder kam er auf die Idee, weil der Ochse irgendetwas gesagt oder getan hat? Was denn? – Hätte der Ochse etwas anderes sagen oder tun können? Wäre die Geschichte dann anders weitergegangen?

[?][?] Wie findest du den Frosch? Kennst du das Gefühl, dass du etwas möchtest, was ein anderer kann? Oder dass du so wie jemand anders sein möchtest? Wie wäre das dann? Und was passiert, wenn es nicht möglich ist?

[?][?][?] Versuchst du manchmal etwas, wovon du schon vorher weißt, dass es nicht geht? Warum? – Der Ochse kaut am Ende in aller Ruhe weiter. Wie findest du das?

Der arme Mann und der Dschinn

Es war einmal ein armer Mann. Er hatte gerade genug Geld, um sich jeden Tag ein kleines Stückchen Fleisch zu kaufen – bis eines Tages das Folgende geschah:

Eines Abends kam ein Hund auf ihn zugelaufen und bettelte um die Reste seines Fleisches. Und obwohl der Mann arm war, wirklich sehr arm, teilte er doch sein kleines Stückchen Fleisch mit dem schmutzigen, mageren Hund. So war es auch am nächsten Tag – und die Tage danach. Aber der Hund war kein echter Hund. Er war ein Dschinn: ein Geist, der seine Gestalt verändern konnte. Am folgenden Abend kam er wieder zu dem Mann zu Besuch, aber nun in der Gestalt eines Menschen und sagte: „Ich möchte dich gern heute Abend zum Essen einladen." „Wer bist du denn?", fragte der Mann. „Du kennst mich sehr wohl. Ich komme jeden Abend bei dir vorbei." „Jeden Abend?", fragte der Mann. „Ich habe dich noch nie gesehen!" „Und doch ist es wahr. Du teilst jeden Abend dein Fleisch mit mir." „Ich? Wie kann das sein?" Der Mann verstand gar nichts.

Der Dschinn fragte: „Empfängst du nicht jeden Abend einen Gast zu deiner Mahlzeit?" „Nein, nur einen mageren Hund, mit dem ich Mitleid habe. Ich teile mein Essen mit ihm und sonst mit niemandem. Ich bin arm und wohne in einer kleinen Hütte. Ich kann keine Gäste einladen!"

Da sagte der Dschinn: „Ich bin der Hund!" Der arme Mann konnte es nicht glauben. „Das kann doch nicht wahr sein!" „Doch, es ist so", sagte der Dschinn und verwandelte sich vor den Augen des überraschten Mannes in einen Hund und danach gleich wieder in einen Mensch. „Heute Abend möchte ich dich zum Essen einladen!" Er nahm den Mann mit und kurze Zeit später befanden sie sich tief unter der Erde. Der Mann durfte dort mit dem Dschinn und allen anderen Dschinns essen, die dort wie eine große Familie zusammen wohnten. Nach dem Essen durfte der Mann sich etwas wünschen.

 *Was glaubst du, was er sich nun wünschen wird? Warum?*

„Ich wünsche mir … Ich wünsche mir …", sagte er, „dass ich jeden Abend genug zum Essen habe, um es mit dem Hund oder mit anderen zu teilen." Darauf antwortete der Dschinn: „Du sollst es dein Leben lang gut haben. So gut, dass du immer etwas zum Teilen hast!"

Gesprächsleitfaden

Der arme Mann und der Dschinn

Hintergrund Diese Geschichte ist die Bearbeitung eines marrokanischen Volksmärchens. Ein Dschinn ist in den östlichen Märchen ein Geist. Er ist unsichtbar, kann aber viele Gestalten annehmen. Ein Dschinn kann, so wie in der Geschichte, gute Absichten haben. Er kann aber auch böse Absichten haben, um den Menschen eine Lektion zu erteilen.

Alter 8–12 Jahre

Gehalt Teilen können. Was wird von dir im Leben verlangt? Wie möchtest du dafür belohnt werden?

Kernziele Etwas entbehren können. Etwas tun, um belohnt zu werden, oder einfach, weil es gut und richtig ist, es zu tun. Mit anderen teilen können.

Offene Fragen [?] Glaubst du, dass es Dschinns gibt? Warum ja, warum nein? – Warum ist der Dschinn zu dem Mann in der Gestalt eines Hundes gegangen? – Hättest du dein Essen auch mit dem Hund geteilt? Kannst du sagen, warum?

[?][?] Was hätte der Dschinn wohl getan, wenn der Mann nicht mit ihm geteilt hätte? Warum? – Was wünscht sich der arme Mann eigentlich? Verstehst du das? Was hättest du dir gewünscht?

[?][?][?] Gibt es Dinge, die du nur tust, weil du eine Belohnung dafür bekommst? – Gibt es Dinge, die du tust, weil du es gut und richtig findest? – Bist du reich, wenn du so viel hast, dass du es mit anderen teilen kannst?

6 Mollum und Mollo

Zwei Maulwurffreunde haben eines Tages eine tolle Idee. Das haben sie öfter – und meistens bedeutet das eine Menge Unfug!

Heute hat Mollum sich überlegt, dass es lustig wäre, so viele Maispflanzen wie möglich umfallen zu lassen, indem er und sein Freund von unten hindurch Löcher graben. „Super!", sagt Mollo und fängt sogleich an. Er gräbt und gräbt, bis er unter einer Maispflanze bei den Wurzeln angekommen ist, und schiebt und drückt sie nun so lange nach oben, bis sie umfällt. Und noch eine … und noch eine. Nein, nicht noch eine. Das ist ja seltsam. Wie sehr Mollo auch drückt – die Pflanze fällt nicht um. Er beschließt, nach oben zu gehen und zu schauen, was da los ist. Als er sich ein wenig an das Licht gewöhnt hat, bekommt er den Schreck seines Lebens!

Ein Bauer steht bei der Pflanze, die er gerade umwerfen wollte, und ergreift ihn an seinem Nackenfell. „Was glaubst du wohl, wer du bist?", knurrte der Bauer. „Meine Maispflanzen umwerfen! Ich werde es dir zeigen!" Mollum sieht, wie der Bauer Mollo einen Klaps mit seiner großen Hand gibt – das muss aber weh tun! Er will schnell wieder unter der Erde verschwinden, aber der Bauer hat ihn schon gesehen und ergreift ihn ebenfalls. „Du hast deinem Freund hier sicher geholfen, den Mais umzuwerfen", sagt er und zeigt auf Mollo.

 *Was glaubst du, was Mollum nun sagt? Warum?*

„Nein, nein, ich habe ihn noch nie gesehen!", ruft Mollum und wagt es dabei nicht, seinen Freund anzusehen. „Ja, ja, das glaube ich dir aber nicht!", sagt der Bauer und auch Mollum bekommt einen Klaps und landet daraufhin ein Stück entfernt auf dem Acker. So schnell, wie er nur kann, gräbt er ein Loch und verschwindet unter der Erde. Er hört, wie Mollo auch freigelassen wird und hinter ihm herkommt.

 *Wie wird die Geschichte deiner Meinung nach nun weitergehen?*

7 Warum der Hahn am Morgen kräht

Es waren einmal zwei Freunde: ein Hahn und ein Adler. Meistens hatten sie tagsüber viel zu tun und nahmen sich dann abends Zeit, um sich alles zu erzählen, was sie erlebt hatten. Aber heute Abend nicht. Eigentlich war ihnen gerade langweilig – bis der Adler auf einmal eine Idee hatte: „Weißt du was, Hahn, wir gehen jetzt in ein Gasthaus und trinken ein Glas Wein.“ Der Hahn richtete sich auf, schüttelte seine Federn und sagte: „Das ist eine gute Idee!“ Sie flogen zusammen ins nächste Dorf. Vorsichtig landeten sie vor dem Gasthaus und spähten durch ein Fenster.

Als niemand auf sie achtete, schlichen sie hinein und bestellten eine Flasche Wein. Der Wirt schaute überrascht auf die beiden ungewohnten Gäste, brachte ihnen aber den Wein und schenkte die Gläser voll. Und dann noch eines … und noch eines … Das ging so lange weiter, bis die ganze Flasche leer war. „Sssss … soooo … sollen wir jetzt vielleicht besser gehen?“, fragte der Hahn mit schwerer Zunge. Der Adler nickte und sie versuchten, aufzustehen. Sie hatten wackelige Beine vom Wein und mussten sich an den Tischen und Stühlen festhalten. So wankten sie zur Tür hinaus und wollten nach Hause fliegen. Der Wirt erwischte sie gerade noch rechtzeitig bei den Federn. „Erst bezahlen und dann nach Hause“, knurrte er.

Was jetzt? Sie hatten nicht daran gedacht, Geld mitzunehmen, und versuchten den Wirt zu überreden, den Betrag bis zu ihrem nächsten Besuch aufzuschreiben. Der Wirt, der die beiden aber noch nie zuvor in seinem Gasthaus gesehen hatte, drohte damit, sie einzusperren, bis sie die Rechnung bezahlt hatten. Der Adler, der etwas weniger als der Hahn getrunken hatte, wollte aber nicht eingeschlossen werden und dachte sich eine List aus. Er schlug deshalb vor: „Ich fliege nach Hause und hole Geld. Der Hahn ist dafür zu betrunken, also soll er hier bleiben und warten, bis ich zurückkomme." Der Hahn, der inzwischen furchtbare Kopfschmerzen bekommen hatte, konnte dagegen nichts einwenden und wurde in einen Käfig gesperrt. Er rief dem wegfliegenden Adler noch nach: „Bbbbb ... Beeil dich, ich will nicht zu lange in diesem Gefängnis sitzen!" „Mach dir keine Sorgen", rief der Adler, „ich bin gleich wieder zurück!"

Mit bleischweren Flügeln schaffte er es gerade noch, vor Anbruch der Dunkelheit in sein Nest zu kommen. Woran der Hahn nicht gedacht hatte, der Adler aber sehr wohl, war: Sie hatten überhaupt kein Geld!

 *Was glaubst du, was der Adler jetzt tun wird? Warum?*

„Nun ja, auf jeden Fall ist zumindest einer von uns frei", dachte der Adler, bevor er einschlief. Der Hahn wartete die ganze Nacht auf die Rückkehr des Adlers. Erst wurde er unruhig, dann ungeduldig und schließlich richtig böse und wollte den Adler rufen. Aber der Wein hatte offenbar mit seiner Stimme etwas gemacht – er konnte nur noch „kikeriki – kikeriki" rufen. Der Wirt wurde von dem eigenartigen Geräusch wach und sah gerade, wie die Sonne aufging. Der Hahn wartete tagelang – wochenlang – und rief den Adler jeden Morgen. Und das tut er auch heute noch und macht dabei die Menschen wach.

Gesprächsleitfaden

Mollum und Mollo
Warum der Hahn am Morgen kräht

Hintergrund Die Geschichte „Warum der Hahn am Morgen kräht" ist die Bearbeitung einer tibetanischen Erzählung.

Alter Geschichte 6: Mollum und Mollo, 6–8 Jahre
Geschichte 7: Warum der Hahn am Morgen kräht, 8–12 Jahre

Gehalt Freundschaft. Verrat. Vergebung. Gewissen.
Sich an eine Situation gewöhnen.

Kernziele Was ist für eine Freundschaft nötig? Wodurch kann eine Freundschaft verloren gehen? Die eigene Rolle darin.
Auf das eigene Gewissen hören. Einander betrügen. Vergebung.

Offene Fragen Mollum und Mollo

[?] Was wird Mollum auf die Frage des Bauern antworten?

[?][?] Was hättest du gesagt? Kannst du erklären, warum?

[?][?][?] Was glaubst du, wie die Geschichte weitergehen wird? – Was würdest du tun, wenn du Mollo wärst? Und wenn du Mollum wärst?

Offene Fragen Warum der Hahn am Morgen kräht

[?] Was wird der Adler tun? Was hättest du getan? Warum? – Wird er wohl noch oft an den Hahn denken? Was wird er denken?

[?][?] Kann der Hahn dem Adler vergeben? Warum ja/warum nein? – Wie fühlt sich der Adler wohl jetzt? Wie würdest du dich fühlen, wenn du einen Freund so behandelt hättest?

[?][?][?] Was macht der Hahn, wenn er dem Adler wieder begegnet? Was würdest du machen? Warum?

8 Sonnenblumenkerne und Sonnenblumen

Im Frühjahr hatte ein Gärtner drei Sonnenblumenkerne im Boden vergraben. Daraus entstandenen die Wurzeln und die ersten beiden Blätter von drei Sonnenblumen. Alle drei möchten gern groß und schön werden.

„Aber vielleicht werde ich gar nicht groß und schön“, grübelt die erste Sonnenblume. Die Nächste denkt: „Ich will die Beste sein, die wächst.“ Und die Letzte ... denkt nicht viel darüber nach. Sie steht in der Sonne und wird immer größer und größer. Es ist angenehm warm und regnet ab und zu. Genau richtig für die Sonnenblumen. Aber die Erste macht sich immer noch Sorgen: „Hoffentlich bleibt das Wetter so. Hoffentlich scheint die Sonne nicht zu heiß. Hoffentlich regnet es nicht zu viel.“ Die Zweite denkt: „Ich muss gut aufpassen, wo die Sonne am Himmel steht. Dann muss ich genau in diese Richtung schauen und werde so die beste Blume.“ Und die Letzte denkt … noch immer nicht so viel. Sie genießt die Sonne und wächst.

Es wird Sommer. Nun ist es nicht mehr warm, sondern heiß. „Ich habe Angst, dass ich so nicht gut wachsen kann“, jammert die Erste. „Vielleicht wird es zu heiß.“ Diese Sonnenblume wagt beinahe nicht, ihre Blüte zu öffnen. Die zweite Sonnenblume gibt all ihre Kraft, um ihre Blüte zur Sonne zu drehen, und glaubt, dass sie sogar nachts weitermachen muss. Ihr Stiel ist ganz verdreht.

Und die letzte Sonnenblume? Sie ist groß geworden und hat eine schöne Blüte. Sie freut sich sehr. Als der Gärtner kommt, um nach den Sonnenblumen zu sehen, sagt er überrascht: „Wie ist das nur möglich? Ich habe eine Sonnenblume mit einer ganz kleinen Blüte, eine mit einem verdrehten Stiel und nur die letzte ist gut gewachsen und groß und schön geworden. Ich hatte doch drei gleiche Kerne in die Erde gesteckt …“

 *Weißt du, wie das möglich ist?*

Gesprächsleitfaden

Sonnenblumenkerne und Sonnenblumen

Alter 8–12 Jahre

Gehalt Sein, wie man ist. Leben im Jetzt. Perfektionismus. Angst, zu versagen.

Kernziele Selbstbild. So sein dürfen, wie man wirklich ist. Hohe Forderungen an sich selbst stellen. Selbstausgedachte Unsicherheiten kosten viel Energie und stören das Wachstum. Mit den Erwartungen anderer umgehen können.

Offene Fragen [?] Wie konnte es zu dem Ende der Geschichte kommen? Warum wagte eine Sonnenblume es kaum, ihre Blüte zu öffnen? Ist es nur wegen der Hitze? Oder warum sonst? – Warum hat eine Sonnenblume einen verdrehten Stängel? Warum ist die letzte Sonnenblume groß und schön geworden?

[?][?] Welcher Sonnenblume ähnelst du? Warum glaubst du das? Was sagen andere dazu? – Glaubst du auch manchmal, dass dir etwas nicht gelingen kann? Ist es zu schwierig oder machst du es dir selbst zu schwer? Was könnte dir dann helfen?

[?][?][?] Denkst du auch manchmal, dass du dein Bestes geben musst, damit es gelingt? – Findest du das, was du tust, oft nicht gut genug? Wie fühlt sich das an? Hättest du es lieber anders? – Welche der drei Sonnenblumen wärst du gern? Oder hättest du gern von allen dreien etwas? Kannst du erklären, warum? – Wer ist ein wichtiger Mensch für dich? Wie hätte dieser Mensch dich gern? Stimmt ihr darin überein?

König Fuchs

Eines Tages schlich sich ein Fuchs in ein Dorf, um ein paar fette Hühner zu stehlen. Hinter einem Bauernhof stand ein Hühnerstall. In seiner Eile passte der Fuchs nicht gut auf und übersah einen großen Behälter mit Farbe zum Wollefärben. Er fiel mitten hinein. Noch bevor es ihm gelang, wieder hinauszuklettern, hatte der Wachhund ihn schon lange gehört und machte mit seinem Gebell alle wach. Es gab für den Fuchs nur noch eine Möglichkeit: rennen – rennen um sein Leben. Vollkommen erschöpft erreichte er einen sicheren Platz im Wald. Zu seiner Überraschung begrüßten ihn die Tiere besonders höflich. „Guten Tag, der Herr", sagten sie. Erst als er sah, wie einige junge Tiere auf sein Fell zeigten, begriff er, warum: Durch das Bad in der Wollfarbe hatte sein Fell eine wunderbare königliche Farbe angenommen.

Ein Fuchs wäre kein Fuchs, wenn er daraus keinen Vorteil ziehen würde. Er dachte sich blitzschnell eine Geschichte aus: Ein Waldgeist hatte ihm erzählt, dass er auserkoren war, um König der Tiere zu werden. Der Fuchs ließ alle Tiere zusammenkommen, um ihm als König zu huldigen, und bestieg dazu als Thron den Rücken eines Elefanten. So reiste er in seinem Reich umher. Eine Legion von starken Löwen sorgte dafür, dass die anderen Tiere ihm die leckersten Bissen brachten, auch wenn sie dadurch selbst nur noch ganz wenig zu essen hatten. Der Fuchs war sehr stolz auf sich selbst und hatte nur noch einen Wunsch: Er wollte, dass seine Mutter ihn so sah und stolz auf ihn war. Er schickte einen anderen Fuchs mit dem Auftrag los, sie zu ihm zu bringen.

„So, so", sagte Mutter Fuchs, „er möchte, dass ich zu ihm komme? Erzähle mir doch erst einmal, wie er sich benimmt." Der andere Fuchs erzählte, dass ihr Sohn mit seinem schönen Fell nun der neue König war. Von den Löwen und der Forderung nach den leckersten Bissen erzählte er ebenfalls.

„Natürlich", sagte Mutter Fuchs, „das ist mein Sohn. Von wegen König! Ein Gauner ist er! Sag ihm, dass er zu mir kommen soll, wenn er mich sehen möchte. Und dann habe ich noch eine Idee …" Diese Idee flüsterte sie dem Fuchs ins Ohr, der gleich darauf wieder zu König Fuchs lief. Dort angekommen, sagte er zu ihm, dass er etwas sagen möchte, was die anderen Tiere besser nicht hören sollten. Dafür musste der König von seinem Elefanten hinunterklettern und sich von seinen Löwen entfernen. Als er gehört hatte, was der Fuchs ihm sagte, dachte König Fuchs keinen Augenblick nach, sondern rannte, so schnell wie er nur konnte, zur nächsten Wasserstelle und sprang hinein – und kam als ganz gewöhnlicher Fuchs wieder heraus. Der Elefant, die Löwen und die anderen Tieren trauten erst ihren Augen nicht. Zuerst wurden sie sehr böse, aber dann mussten sie laut darüber lachen – über den Fuchs, aber auch über sich selbst. Und der Fuchs?

Was glaubst du? Wenn du wissen möchtest, was Mutter Fuchs ihrem Sohn ausrichten ließ – hier kommt es:

„Mein Sohn, wenn du dein Fell in einer schönen königlichen Farbe gefärbt hast, wirst du sicher auch Flöhe haben, denn sie lieben diese Farben. Wenn ich du wäre, würde ich mich so schnell wie möglich gründlich waschen. Bis bald, deine Mutter!"

Gesprächsleitfaden

König Fuchs

Alter 6–12 Jahre

Gehalt Sich anders zeigen, als man wirklich ist. Einen anderen Menschen wegen seines Aussehens oder seines Tuns gut oder schlecht beurteilen. Nicht durch das Äußere hindurchschauen können.

Kernziele Sich selbst treu bleiben. Die Folgen von Scheinheiligkeit. Andere respektieren für das, was sie wirklich sind, und nicht für das, was sie vorgeben, zu sein.

Offene Fragen ? Wie kommt es, dass die Tiere glauben, der Fuchs sei der König? Hättest du das auch gedacht? Warum? – Hättest du die Geschichte von dem Waldgeist auch geglaubt? – Warum wollte der Fuchs, dass seine Mutter zu ihm kommt? – Durch den klugen Rat der Mutter merken die anderen Füchse, dass der König nur ein gewöhnlicher Fuchs ist. Wie findest du die Mutter? Was hättest du an ihrer Stelle getan? – Am Ende der Geschichte lachen die Tiere über sich selbst. Warum?

? ? Wie kam es dazu, dass der Fuchs zum König wurde? Durch ihn selbst oder durch die anderen Tiere? Oder beides? – Was hättest du gemacht, wenn du die leckersten Bissen dem König geben musst? – König Fuchs wollte, dass seine Mutter stolz auf ihn ist. War sie es auch? Findest du es auch schön, wenn jemand stolz auf dich ist? Wer denn? Und warum?

? ? ? Kannst du am Äußeren sehen, wie jemand ist und was er kann? Wie würdest du dich fühlen, wenn andere Menschen dich so wahrnehmen? – Mutter Fuchs denkt sich eine List aus, um ihren Sohn wieder zu dem zu machen, was er wirklich ist. Wie denkst du darüber? Hast du das auch schon einmal erlebt?

10 Die Zirkusschule

„Halte den Ball in der Luft!", ruft der Lehrer im Turnsaal der Zirkusschule in Frankreich. Hier kannst du lernen, ein Zirkusartist zu werden. Es ist harte Arbeit in der Zirkusschule, denn es wird neben den üblichen Fächern viel Zeit damit verbracht, zu üben. Man kann vieles lernen, z. B. Akrobatik, Jonglieren, Seiltanzen, Zaubern, Dressur und Clownerie. Heute üben die Schüler im Turnsaal Jonglieren mit dem Ball. Der Lehrer schaut ihnen zu und sagt: „Bis jetzt habt ihr immer bekannte Tricks geübt, also wird es nun Zeit für etwas Neues! Jeder denkt sich etwas Eigenes aus. Das bedeutet: Überlegt selbst, wie viele Bälle ihr nutzen möchtet. Denkt euch neue, eigene Tricks aus. Auf welche Weise könnt ihr zeigen, was ihr könnt? Dazu gehört auch der Entwurf eines eigenen Kostüms, also ein ganz eigener Act, der genau zu euch passt!"

Die meisten Schüler wissen nicht, wie sie anfangen sollen. Einige haben ein Stück Papier genommen, um darauf zu schreiben und zu zeichnen. Andere probieren Würfe mit dem Ball aus.

„Es muss nicht schnell fertig sein, manche Dinge brauchen mehr Zeit!", sagt der Lehrer. Da die Schüler nun wissen, dass sie keine Eile haben, versuchen sie verschiedene Tricks. Alle – nur einer nicht. Das ist Jarno. Er läuft umher, schaut, was die anderen machen, und gibt ungefragt seinen Kommentar dazu: „Ich würde den Trick niemals mit drei Bällen machen!" und „Rot ist doch keine schöne Farbe für ein Zirkuskostüm!" und „Dein Act ist einfach langweilig!" Viele Schüler hören auf seine Bemerkungen und verändern etwas an ihren Übungen. Andere hören es, machen aber einfach so weiter wie bisher. Überall fliegen die Bälle herum. Aus vielen verschiedenen Farben werden die Kostüme zurechtgeschnitten. Lustige und spannende Sketche werden geübt. Und Jarno?

Jarno läuft immer noch herum und erteilt ungefragt seine Ratschläge. Nach einiger Zeit ruft der Lehrer die Schüler wieder zusammen und fragt, wie weit sie gekommen sind. Jeder hat etwas zu erzählen – über tolle Ideen, Missgeschicke, neue Übungen. Der Lehrer ist sehr stolz! Und dann ist Jarno an der Reihe. „Was hast du gemacht?", fragt der Lehrer. „Ich habe noch nicht angefangen, weil …", sagt Jarno.

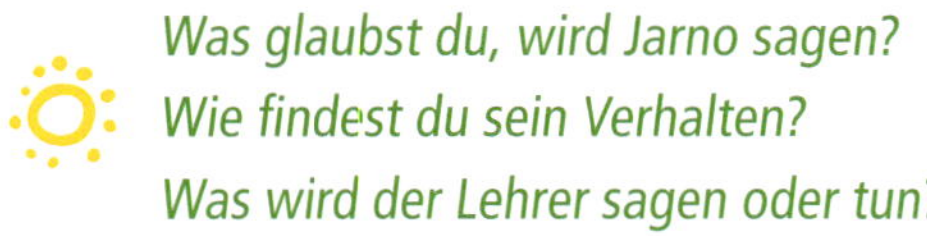

Gesprächsleitfaden

Die zirkusschule

Alter 6–12 Jahre

Gehalt Sich selbst nicht entwickeln, da man auf andere gerichtet ist. Über andere urteilen. Über andere bestimmen, was sie tun sollen. Selbst nichts tun. Die eigene Wahl treffen. Mit der Meinung anderer umgehen.

Kernziele Entdecken der eigenen Möglichkeiten und Begrenzungen. Umgang mit Meinungen und Urteilen anderer. Respekt für Eigenheiten zeigen, für die Arbeit anderer. Die Wirkung von positivem Kommentar und negativen Vorurteilen.

Offene Fragen [?] Was, glaubst du, wird Jarno am Ende der Geschichte sagen? Wie findest du sein Verhalten? Was wird der Lehrer wohl sagen? – Als der Lehrer die Schüler auffordert, sich ein eigenes Stück zu überlegen, wissen die meisten nicht, was sie machen sollen. Wie kommt das? Kennst du solche Situationen? – Als der Lehrer sagt, dass sie sich Zeit lassen sollen, gelingt es den Schülern besser. Wieso?

[?][?] Warum läuft Jarno nur herum und schaut, was die anderen machen?

[?][?][?] Findest du es auch schwierig, dir etwas auszudenken, was genau zu dir passt? Warum? – Wie findest du es, wenn andere dir ihre Meinung zu dem sagen, was du gerade tust? Wann findest du es gut und warum? Wann nicht? – Sagst du auch manchmal ungefragt deine Meinung oder beurteilst, was andere gerade tun? Glaubst du, dass es für die anderen nützlich ist oder eher nicht?

11 Die Hälfte der Belohnung

Es lebte einst, in einem Land weit weg von hier, ein König, dessen Lieblingsgericht Reis mit Fisch war. Leider floss durch die schreckliche Trockenheit in diesem Jahr beinahe kein Wasser mehr in den Flüssen und demzufolge gab es auch keine Fische. Lange aß der König deshalb nur Reis, aber nun hatte er genug davon. Er hatte solch einen Heißhunger auf Fisch, dass er demjenigen, der ihm einen Fisch bringen würde, eine große Belohnung versprach. Und darum stand nun ein Fischer an der Palastpforte – mit einem Fisch.

„Ich habe einen Fisch für den König", sagte er zum diensthabenden Wächter. „Dann bringe ich den Fisch zum König", sagte der Wächter. „Nein, ich möchte ihn selbst bringen", antwortete der Fischer. „Du kannst mir den Fisch verkaufen", versuchte es der Wächter und dachte heimlich: „So teuer kann der Fisch nicht sein und dann bekomme ich die Belohnung vom König, die viel höher ist."
„Nein, ich möchte den Fisch selbst überreichen, als Geschenk für den König!", sagte der Fischer.
Der Palastwächter wurde wütend und sagte: „Du darfst nur hinein, wenn du mir die Hälfte der Belohnung gibst!"
Der Fischer dachte kurz nach, dann antwortete er: „Ja, das ist gut!" „Schwörst du es?", fragte der Wächter.
„Ja, ich schwöre es", sagte der Fischer mit einem Lächeln und hinterließ einen verblüfften Wächter.
„Warum hat er so gegrinst?", dachte er, denn er verstand es nicht.

Der König freute sich sehr über den Fisch und fragte den Fischer, was er denn als Belohnung erhalten wollte. Er war völlig überrascht, als der Fischer antwortete: „Hundert Tage Gefängnis. Und gib der Palastwache die Hälfte davon." Nun musste der Fischer natürlich erklären, was es mit dem Wunsch auf sich hatte, und er erzählte von dem Versprechen, alles mit der Palastwache zu teilen, was er als Lohn erhalten würde. Der König wurde sehr wütend und ließ den Wächter zu sich kommen. „Du entschuldigst dich sofort bei dem Fischer und dann kommst du für 50 Tage ins Gefängnis! Allein! Bei Wasser und Brot!"

Und der Fischer? Er durfte seine „Gefängnisstrafe" im Palast absitzen, in einem schönen Zimmer mit den leckersten Speisen, und er durfte so viele Familienmitglieder und Freunde einladen, wie er nur wollte.

Gesprächsleitfaden

Die Hälfte der Belohnung

Alter 6–12 Jahre

Gehalt Ehrlichkeit. Den Lohn für Arbeit von anderen fordern. Bekommen, was man verdient. Die Absicht eines Menschen erkennen. Jemandem seinen verdienten Lohn geben. Jemanden für das belohnen, was du haben möchtest.

Kernziele Seinen eigenen Wert kennen. Anderen zugestehen, was sie verdient haben. Jemanden belohnen für das, was er für dich tut. Den Unterschied erkennen zwischen dem, was Menschen sagen, und dem, was sie tun.

Offene Fragen [?] Warum grinst der Fischer, als er der Palastwache die Hälfte der Belohnung verspricht? – Wie denkst du über den Wächter, der den Fischer erst nicht hineinlassen will, dann den Fisch kaufen möchte und schließlich die Hälfte der Belohnung fordert?

[?][?] Der Fischer möchte 100 Tage Gefängnisstrafe. Glaubst du nicht, dass er Angst hatte, tatsächlich bei Wasser und Brot im Gefängnis zu landen? – Findest du die Strafe, die der König dem Wächter gibt, gerecht? Warum?

[?][?][?] Der Wächter wusste nicht, warum der Fischer grinst. Hast du dir schon etwas dabei gedacht? Wie kommst du darauf? – Hast du schon einmal erlebt, dass jemand für etwas, das du gemacht hast, belohnt wurde? Wie hast du dich dabei gefühlt? Wie hast du darauf reagiert? – Hast du schon einmal eine Belohnung für etwas bekommen, was ein anderer getan hat – oder zumindest größtenteils gemacht hat? Wie hast du darauf reagiert?

12 Der Hahn und der Elefant

Irgendwo in Afrika sind ein Hahn und ein Elefant schimpfend unterwegs zu Imana, einem sehr weisen Mann.

„Verstehst du das?", fragt der Hahn. „Jetzt wecke ich jeden Morgen pünktlich bei Sonnenaufgang Mensch und Tier und was bekomme ich dafür?" „Nun, was bekommst du denn?", fragt der Elefant. „Überhaupt nichts!", schimpft der Hahn. „Zum Schlafen muss ich mir jeden Abend einen sicheren Platz in einem Baum suchen, am Boden würde ich sonst vielleicht von einer hungrigen Katze aufgegessen werden. Und Essen für mich? Das muss ich mir mühsam auf den Feldern zusammensuchen. Wenn ich Pech habe, jagen sie mich auch noch mit einem Stock weg! Ich finde es nicht gerecht!"

„Dann hast du meine Geschichte noch nicht gehört", sagt der Elefant. „Hast du mich schon einmal genau angeschaut? Hast du bemerkt, wie groß und stark ich bin? Und dann darf ich nur ein Kind bekommen. Ein Huhn bekommt zehn oder noch mehr! Und was ist schon ein Huhn? Sorry, Hahn, du weißt, was ich meine. Einen einzigen jungen Elefanten darf ich groß ziehen. Ich finde es gemein!", schmettert der Elefant.

Imana hört, wie sie näher kommen. Meistens wird er um Rat gefragt, aber er hat schon längst gemerkt, dass diese beiden mit einer Beschwerde kommen. Er lässt ihr Geschimpfe über sich ergehen und sagt dann zu dem Hahn: „Heute Nacht kannst du in meiner Hütte schlafen und es wird dir zu essen gebracht werden!" Zu dem Elefant sagt er: „Wir haben hier eine Scheune, in der die Vorräte lagern, dort kannst du übernachten." Der Elefant ist sehr hungrig und hat innerhalb kürzester Zeit alle Vorräte aufgegessen. Am nächsten Morgen ist nichts mehr übrig.

„Siehst du", sagt Imana, als er es sieht, „darum dürfen Elefanten nur ein Junges bekommen. Wenn es mehrere wären, hättet ihr nie genug zu essen. Und was glaubst du, was dann geschehen würde?" Der Elefant versteht es nun. Er schämt sich und macht sich auf den Weg zurück in den Wald, aus dem er gekommen war.

Nun geht Imana zu dem Hahn. Dieser liegt faul auf dem Bett und der Boden ist voll mit seinem Kot. „Hahn, du hast heute Morgen nicht ein Mal gekräht! Du hast nicht einmal bemerkt, dass die Sonne aufgegangen ist. Und schau nur, wie schmutzig es hier ist! Du hast viel zu viel gegessen und alles auf dem Boden liegengelassen. Dein Schlafplatz ist nicht umsonst auf einem Baum! Es ist nur gut und richtig, dass du dir dein Essen selbst suchen musst. Geh nun zurück in dein Dorf und tue das, was du kannst – nämlich krähen. Und gib dafür dein Bestes!"

Gesprächsleitfaden

Der Hahn und der Elefant

Hintergrund Diese Geschichte stammt aus Afrika, Rwanda. Imana ist der Name von Gott, eines Helden oder Weisen.

Alter 6–12 Jahre

Gehalt So sein, wie du bist. Die Verantwortung für ein selbstbestimmtes Leben, am selbstgewählten Ort und mit selbstgewählten Aufgaben übernehmen. Anders sein wollen – die Folgen davon für dich selbst und für andere.

Kernziele Selbstkenntnis. Wertschätzung des eigenen Könnens. Die eigenen Beschränkungen sehen. Anders sein wollen und die Folgen davon für sich und andere.

Offene Fragen

[?] Der Hahn findet es nicht gerecht, dass er im Baum schlafen und selbst Essen suchen muss. Wie findest du das? – Was hältst du von der Forderung des Elefanten nach mehr Kindern? Warum? – Sind mache Dinge für dich auch nicht gerecht? Wärst du gern jemand anderer? Wie wäre das dann? Für dich? Für andere? – Glaubst du, dass Imana weiß, was geschieht, wenn er den Hahn in seinem Haus und den Elefanten in der Vorratsscheune schlafen lässt? Wie kann er es wissen?

[?][?] Der Elefant versteht nach der Nacht in der Scheune, was Imana meint. Verstehst du es auch? – Glaubst du, dass der Hahn tut, was ihm Imana gesagt hat?

[?][?][?] Kannst du dir vorstellen, was geschieht, wenn Elefanten mehrere Junge bekommen? – Gibt es Dinge, die du tust, weil du glaubst, dass du sie tun musst? Was ist das? Und warum? – Würdest du gern Dinge in deinem Leben verändern? Was wäre das? Warum? – Wofür fühlst du dich verantwortlich? Warum? – Wofür fühlst du dich nicht verantwortlich? Kannst du erklären, warum?

13 Schöne Federn

Zwitschern, Pfeifen, Flöten und Piepen: Das alles sind Geräusche, die in der Voliere, dem großen Vogelkäfig im Zoo, zu hören sind. Einer der Vögel ist ein Wellensittich, eine Art Mini-Papagei, grün mit einem roten Köpfchen. Er heißt – das ist leicht zu erraten, nicht wahr? – „Rotköpfchen". Rotköpfchen ist gern mit den anderen Vögeln zusammen. Es gibt immer etwas zu essen und oft legen die Tierpfleger noch etwas Leckeres in den Käfig. Er findet es auch schön, dass so viele Besucher kommen, um sich die Vögel anzusehen. Ein Kind kommt sogar nur seinetwegen! „Rotköpfchen", ruft es, wenn es zum Käfig kommt.

Dann fliegt er zu dem Kind und bekommt durch die Maschen des Zaunes hindurch ein Stückchen Apfel gereicht. Es gibt nur eine Sache, die Rotköpfchen unglücklich macht: Es gibt immer Vögel, die schöner sind, schönere Federn haben als er. Auch jetzt. Ein neuer Vogel ist nämlich in die Voliere gekommen: Ein Paradiesvogel!

Einen schöneren Vogel hat Rotköpfchen noch nie gesehen. Diese Federn! So viele Farben, so besonders, so schön! Jeden Tag wird Rotköpfchen ein wenig unglücklicher. Er möchte auch so schön sein. „Dann mache ich mich selbst eben schöner", denkt er. Jedes Mal, wenn der Paradiesvogel eine Feder verliert, hebt Rotköpfchen sie schnell auf und versteckt sie an einem geheimen Ort. Als er genug gesammelt hat, nimmt er die schönen Federn und steckt sie zwischen seine eigenen Federn. Er hüpft zu einem Trinkbecken und schaut sich im Wasser an. „Oh, wie schön ich nun bin!", ruft er voll Freude. Da erscheint das Kind, das immer extra seinetwegen kommt, und ruft: „Rotköpfchen, wo bist du?" Rotköpfchen fliegt zu ihm hin und setzt sich auf die Erde. Aber was ist das denn? Das Kind ruft immer noch weiter: „Rotköpfchen, wo bist du?" Es erkennt ihn nicht mehr.

Gesprächsleitfaden

Schöne Federn

Alter 6–8 Jahre

Gehalt Authentisch sein. Wie wichtig sind Äußerlichkeiten?

Kernziele Eigene Möglichkeiten und Begrenzungen erkennen. Individuelles Aussehen. Was finden andere schön? Der Einfluss davon auf dich. Wertschätzung von anderen für das, was du tust, und nicht dafür, wie du aussiehst.

Offene Fragen [?] Was wird Rotköpfchen tun, wenn das Kind ihn nicht mehr erkennt? Denk dir selbst ein Ende der Geschichte aus. – Warum denkt Rotköpfchen, dass er mit den fremden Federn viel schöner ist?

[?][?] Möchtest du auch manchmal anders aussehen? Wie denn? Warum?

[?][?][?] Was wird das Kind wohl tun, wenn es entdeckt, dass es doch Rotköpfchen ist, aber mit den Federn des Paradiesvogels? Was würdest du tun? Warum?

14 Jato, der Lehrer der Prinzen

Jato, der Lehrer, schaute eines Tages durch das Fenster seines Arbeitszimmers im kaiserlichen Palast hinaus auf den Hof. Er sah dort, wie die Söhne des Kaisers mit einem Ball spielten. Sie hatten einige Stunden Unterricht bei ihm gehabt und waren in der Pause freudig nach draußen gerannt, um ein wenig zu spielen. Gerade wollte Jato mit Korrekturarbeiten beginnen, als er sah, wie der älteste Sohn plötzlich wütend wurde, seine jüngeren Brüder anschrie und seine Faust ballte.

„Sie haben sicher wieder nicht genau das getan, was er wollte", dachte Jaro. „Aber deshalb muss er doch nicht gleich so wütend werden." Er machte sich Sorgen um den ältesten Sohn, der später einmal die Nachfolge des Kaisers antreten sollte. Aber niemand braucht einen wütenden Kaiser. „Wie kann ich ihm bloß zeigen, welche Folgen Wut haben kann?", fragte er sich.

Eines Tages wusste er es. Er ging mit dem ältesten Sohn zu einem Strauch, in dem ein Bienennest hing. „Stecke deine Hand einmal vorsichtig in den Strauch", sagte er zu dem Jungen. Kozo, so hieß der Junge, war aber nicht vorsichtig. Mit einer hastigen Bewegung streckte er seine Hand hinein. Die Bienen, die gerade damit beschäftigt waren, Honig in ihr Nest zu bringen, erschraken dadurch sehr und eine Biene wurde so ärgerlich, dass sie Kozo in seine Hand stach.

Kozo schrie vor Schmerz laut auf und sagte zu seinem Lehrer: „Das erzähle ich meinem Vater!" „Das ist gut", sagte Jato, „aber dann musst du noch etwas erzählen." „Was denn?" „Schau dir das einmal an!" Jato zeigte auf die Biene, die Kozo gestochen hatte und die nun sterbend am Boden lag. Der Stachel, mit dem sie Kozo vor lauter Wut gestochen hatte, steckte nun in Kozos Hand. Und ohne Stachel sterben Bienen. Zusammen beobachteten sie die Biene einen Moment, dann war sie tot.

„Das ist die Folge von Wut", sagte Jato zum Sohn des Kaisers. Abends erzählte Kozo seinem Vater das Erlebnis mit der Biene. Dieser hatte kein Mitleid mit ihm, sondern rief den Lehrer zu sich und belohnte ihn für die Lektion, die er seinem Sohn erteilt hatte. Und Jato?

Gesprächsleitfaden

Jato, der Lehrer der Prinzen

Alter 8–12 Jahre

Gehalt Lernen, mit Gefühlen umzugehen. Wut und die Folgen davon. Eigenverantwortung. Lernen von anderen und durch andere.

Kernziele Die Wirkung von Gefühlen wie Bosheit und Wut auf sich selbst und auf andere. Verantwortung für sich selbst und andere übernehmen. Empathie.

Offene Fragen [?] Wirst du auch manchmal böse, wenn nicht geschieht, was du möchtest? Kannst du ein Beispiel nennen? Wie ist das dann für die anderen? –Meint Jato, dass man immer stirbt, wenn man wütend wird? Was glaubst du? Kannst du es erklären?

[?][?] Wie findest du die Reaktion des Kaisers? Ist die Belohnung gerecht? Was hättest du getan? – Glaubst du, dass Kozo seine Lektion gelernt und verstanden hat, was sein Lehrer ihm zeigen wollte? – Warst du auch schon einmal sehr wütend? Was war der Auslöser? War es gerechtfertigt oder hat es dir hinterher leidgetan?

[?][?][?] Wie hättest du an Kozos Stelle reagiert? Warum? – Was können die Folgen von Wut sein? Können sie auch positiv und negativ sein? – War jemand schon einmal sehr wütend auf dich? War es zu Recht? Wie hast du dich dabei gefühlt?

15 Die Maus und der Löwe

Fragen vorab: Denkst du, dass ein Löwe und eine Maus befreundet sein können? Was sind die Vorteile, was sind die Hindernisse?

In einem großen Wildpark in Afrika liegt zwischen dem hohen Gras ein Löwe mit einem gut gefüllten Bauch und ruht sich aus. Seine Löwin war auf der Jagd gewesen und hatte eine Antilope mitgebracht. Einen Großteil davon hatte er nun aufgegessen. Der Rest wird unter den scharfen Augen der Löwin von den Jungen schmatzend verschlungen. Obwohl der Löwe schläfrig ist, hört er ein leises Rascheln nicht weit von seinem Ohr. Mühsam öffnet er ein Auge und erblickt eine Maus. Jetzt sieht ihn die Maus auch und erstarrt vor Schreck. „Hast du nichts anderes zu tun, als mich zu wecken?", schnauzt der Löwe sie an und legt seine schwere Pfote auf die kleine Maus, die anfängt, zu piepen. „Warum piepst du?" „Lass mich laufen", japste die Maus. „Vielleicht wirst du mich eines Tages einmal brauchen. Als Freund!"

Der Löwe brüllte laut vor Lachen. „Ich wüsste nicht, was du jemals für mich tun könntest! Aber da ich gerade gut gegessen habe und keine Lust habe, wegen eines so kleinen Nachtischs ganz wach zu werden, lasse ich dich gehen. Aber verschwinde schnell, bevor die Jungen mit ihrem Essen fertig sind und dich als Spielzeug benutzen wollen." Er hebt seine Pfote und die Maus verschwindet sofort im hohen Gras.

Einige Tage später läuft der Löwe allein ein Stück abseits von seinem Rudel durch die Steppe, um sein Gebiet zu kontrollieren. Plötzlich sieht er ein Stück Fleisch auf dem Boden liegen. „Woher kommt das denn? Hier stimmt etwas nicht", denkt er und macht einen Schritt in Richtung Fleisch. Doch da fällt er plötzlich einige Meter in die Tiefe und landet in einem Netz. Er ist gefangen! Er brüllt vor lauter Schreck und Wut und versucht, sich zu befreien. Aber was er auch versucht, es gelingt ihm nicht – das Netz wickelt sich nur noch fester um ihn.

In der Ferne hört die Maus das Gebrüll des Löwen und läuft zu ihm hin. Dort angekommen, sieht sie sofort, was zu tun ist: nagen – die dicken Seile des Netzes durchnagen! „Maus, gleich kommen die Jäger! Es wird dir nicht gelingen", jammert der Löwe. Die Maus reagiert nicht, sondern knabbert einfach weiter. Das erste Seil reißt. Sie nagt an dem nächsten Seil. Auch dieses reißt und nach einer Weile kann sich der Löwe befreien.

Und das Ende der Geschichte? Glaubst du nun, dass ein Löwe und eine Maus Freunde sein können?

Gesprächsleitfaden

Die Maus und der Löwe

Hintergrund Diese Geschichte ist die Bearbeitung einer Fabel von Aesop.

Alter 8–12 Jahre

Gehalt Freundschaft. Wovon hängt Freundschaft ab? Von Gleichsein? Wie unterschiedlich können Freunde sein? Hilfe anbieten, auch wenn du klein bist oder dich klein fühlst. Hilfe annehmen, akzeptieren, auch wenn man groß und stark ist.

Kernziele Der Wert von Freundschaft. Selbsterkenntnis: Was kann ich, was kann ich nicht? Wertschätzen von Unterschieden. Hilfe anbieten können, Hilfe annehmen können.

Offene Fragen [?] Warum glaubt der Löwe, dass die Maus für ihn niemals hilfreich sein kann? – Wie fühlst du dich, wenn andere dich auslachen, weil sie glauben, dass du etwas nicht kannst?

[?][?] Die Maus tut etwas, was der Löwe selbst nicht kann. Wie denkt der Löwe darüber – was glaubst du?

[?][?][?] Wie geht die Geschichte deiner Meinung nach weiter? Glaubst du, dass es dem Löwen schwerfällt, zuzugeben, dass die Maus ihn gerettet hat? – Können Freunde sehr unterschiedlich sein? Wie ist das bei dir und deinen Freunden?

16 Der Hase, der dachte, dass die Welt untergeht

Unter einem Baum mit sehr großen Früchten saß ein kleiner Hase. Er dachte: „Was passiert wohl mit mir, wenn die Welt untergeht?"

Und genau in diesem Moment fiel eine der großen Früchte mit einem lauten Knall auf den Boden. Der kleine Hase erschrak sehr. Er dachte, dass die Erde bebte und der Boden aufbricht. Ohne sich nochmals umzuschauen, rannte er so schnell wie möglich weg von diesem Ort des Unheils.

Ein anderer Hase sah, wie er flüchtete, und fragte: „Was ist denn los?" „Die Welt geht unter!", rief der kleine Hase. Der andere Hase lief ganz erschrocken gleich mit ihm mit. Sie begegneten noch einem Hasen, mehreren Hasen, hunderten Hasen und alle rannten gleich mit ihnen mit. Sie rannten durch Wiesen und Felder, durch Sümpfe und Wälder, durch Wüsten und Wildnis. Allen Tieren, die sie trafen, erzählten sie, dass die Welt untergeht. Und alle Tieren erschraken ebenfalls so sehr, dass sie gleich mitrannten: die Wildschweine, Hirsche, Tiger, Nashörner, Elefanten und viele mehr.

Schließlich erreichten sie eine weite Ebene, in der ein alter und weiser Löwe lebte. Er sah die Tiere in wilder Panik laufen und dachte: „Sie laufen gleich alle ins Meer und ertrinken." Mit lautem Gebrüll brachte er die ganze Truppe zum Anzuhalten. „Was ist los?", fragte er. „Die Welt geht unter", riefen alle durcheinander. „Wer sagt das?", fragte der Löwe genauer nach. Die Elefanten zeigten auf die Nashörner, die Nashörner zeigten auf die Tiger, diese zeigten auf die Hirsche, die auf die Wildschweine, diese schließlich auf die Hasen und die Hasen … zeigten alle auf den kleinen Hasen.

„Was hast du gesehen?", fragte der Löwe den kleinen Hasen. „Nun", sagte er, „ ich saß unter einem Baum und dachte über das Ende der Welt nach. Da hörte ich, wie die Erde mit viel Lärm auseinanderbrach."

Der Löwe dachte sich im Stillen seinen Teil und sagte zu dem kleinen Hasen: „Klettere auf meinen Rücken. Wir gehen zusammen zurück zu dem Baum und schauen, was passiert ist." Obwohl der kleine Hase Angst hatte, kletterte er auf seinen Rücken, denn zusammen mit dem Löwen wagte er sich zurück. So gelangten sie zu dem Baum, wo sie keine Risse in der Erde fanden, sondern nur eine große, aufgeplatzte Frucht. „Ich glaube, ich weiß, was so viel Lärm gemacht hat", sagte der Löwe und zeigte auf die Frucht.

Der kleine Hase erkannte nun, dass die ganze Aufregung umsonst gewesen war, und ging mit dem Löwen zu den anderen Tieren, um sie zu beruhigen.

Wie werden die Tiere nun wohl reagieren?
Wie könnte die Geschichte enden?

Gesprächsleitfaden

Der Hase, der dachte, dass die Welt untergeht

Hintergrund Diese Geschichte ist eine Bearbeitung der Jakarta-Erzählungen aus Indien, in denen Buddha den Menschen in der Gestalt der Hauptfigur etwas übermitteln möchte.

Alter 8–12 Jahre

Gehalt Der Unterschied zwischen begründeter und unbegründeter Angst. Flüchten vor dem, was Angst macht, oder genau hinschauen. Auf die Hilfe von anderen vertrauen können. Sich durch die Angst anderer beeinflussen lassen. Die Rolle eines Menschen, der bei Gefahr oder Angst ruhig bleibt.

Kernziele Umgang mit Angst. Begründete oder unbegründete Angst. Der Effekt von Angst oder Ruhe auf andere und die Reaktionen darauf.

Offene Fragen [?] Der kleine Hase erschrickt so sehr, dass er denkt, die Welt würde untergehen. Dann läuft er davon. Was hättest du gemacht? Warum? – Die Tiere, die die Geschichte des Hasen hören, rennen auch gleich alle mit. Warum? Wärst du auch mitgegangen? – Warum reagiert der Löwe anders? Wie findest du ihn?

[?][?] Zusammen mit dem Löwen geht der Hase zurück. Hättest du das auch gemacht? Warum? – Hast du auch manchmal große Angst? Wovor? Wie verhältst du dich dann? – Kennst du jemanden, der dem Löwen ähnlich ist? Kennst du jemanden, der dir hilft, wenn du Angst hast? Was macht er dann? – Hast du manchmal vor etwas Angst, wofür es überhaupt keinen Grund gibt? Kannst du das erklären?

[?][?][?] Der Hase schaut sich nicht mehr um, um zu sehen, was ihn so erschreckt hat. Verstehst du, warum? – Der weise Löwe dachte sich seinen Teil, während der kleine Hase erzählte. Was wohl?

17 Allewinde

Eines Morgens wurde Allewinde, das Kind des Windes, durch ein Geräusch wach, das anders war als sonst. Der Wind wehte nicht nur stark, sondern schrecklich stark! Allewinde machte sich auf die Suche nach ihrem Vater und fand ihn oben auf dem Turm, von wo aus er über die ganze Welt blies.

„Warum bläst du so stark?", fragte Allewinde. „Ich versuche, die Menschen von all dem Überflüssigen zu befreien, das sich bei ihnen angesammelt hat. Ich blase alles in eine Ecke der Welt." „Musst du dafür so stark blasen?" „Ja, das ist nötig", antwortete der Vater, „denn die Menschen halten die Sachen, die sie nicht mehr brauchen, am meisten fest." Vom Turm aus sah Allewinde, wie viele Dinge vom Wind mitgetragen wurden. Sie flogen alle in eine Richtung der Welt, wo sich nun schon ein großer Haufen angesammelt hatte. Plötzlich sah sie, dass der Wind auch Sachen aus ihrem Haus mitnahm. Sie lief schnell hinunter in ihr Zimmer und versuchte, das Fenster zu schließen. Aber Vater Wind blies zu stark. Darum ergriff sie so viele Dinge wie möglich und hielt sie in ihren Armen fest. Aber sie hatte nicht genug Kraft. Als ihr alles aus den Händen gerissen wurde, rannte sie bis in die letzte Ecke der Welt zu dem großen Haufen hinterher. Als der Sturm sich endlich gelegt hatte, sah sie alle ihre Sachen zwischen vielen anderen Sachen. Sie war böse, traurig und auch durcheinander. Nun hatte sie alle Sachen wieder, aber war doch nicht glücklich.

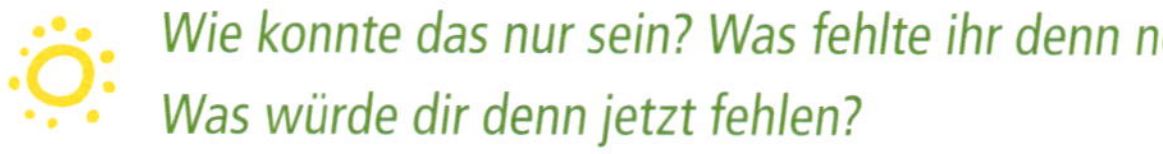

Allewinde schaute sich in der Welt um und erkannte, dass alles nun anders aussah. Sauber, hell. Es gab nun viel mehr Platz für Bäume, Pflanzen, Tiere und Menschen. Und auf einmal wusste sie, was ihr fehlte.

Sie vermisste das, was sie lieb hatte. Sie vermisste ihren Vater, auch wenn sie auf ihn böse gewesen war. Sie vermisste ihre Mutter, ihren Bruder, ihre Schwester, ihre Freunde, ihren Hund, die Katze und den Garten. Sie vermisste den Ort, an dem sie zu Hause war, an dem sie sie selbst sein konnte.

Weit weg auf dem Turm sah sie ihren Vater. Er blies immer noch, doch es fühlte sich beinahe so an, als ob sie dadurch nach Hause geschoben wurde. Sie ließ alles liegen, was sie haben wollte, und ging den Weg zurück zu dem, was sie wirklich lieb hatte.

Gesprächsleitfaden

Allewinde

Alter 6–12 Jahre

Gehalt Der Unterschied zwischen lieben und besitzen. Der Wert von Glück, von Besitz. Der Unterschied zwischen dem, was einem selbst widerfährt, und dem, was anderen widerfährt. Durch Aufräumen entsteht Platz.

Kernziele Der Unterschied zwischen haben wollen und sein wollen. Der Umgang mit eigenem Besitz. Aufräumen. Über den Verlust von eigenen Sachen anders reagieren als über den von anderen. Die Verbundenheit mit Menschen, Tieren und der Natur entdecken.

Offene Fragen [?] Stell dir vor, du würdest auf den Berg mit den Sachen geblasen. Hast du jetzt alles, was du möchtest? Oder vermisst du etwas oder jemanden? – Allewinde bemerkte, dass der Wind auch Sachen von ihr mitnahm. Sofort rannte sie in ihr Zimmer. Warum erst dann? – Hast du Dinge, die du nicht hergeben könntest? Was wäre das? Warum?

[?][?] Was könntest du entbehren? Gibst du manchmal etwas weg? Was hast du wirklich lieb?

[?][?][?] Nach dem Aufräumen sah die Welt ganz anders aus, sauber, hell. Es gab viel mehr Platz für Pflanzen, Bäume, Menschen etc. Würdest du dafür auch aufräumen und Platz machen? – Kennst du den Unterschied zwischen haben wollen und lieb haben? Fühlt es sich anders an, wenn etwas von dir verlorengegangen ist oder von jemand anderem? Warum? – Findest du es eine gute Idee, wenn die Welt ab und zu saubergeblasen wird? Warum?

Wie Hippo sein schönes Fell verlor

Es gab einmal eine Zeit, in der die Nilpferde noch nicht so lange auf der Erde herumliefen. Sie hatten damals noch ein Fell mit langen Haaren. Willst du wissen, warum sie jetzt anders aussehen? Dann höre dir einmal diese Geschichte aus Afrika an:

Hippo, das Nilpferd, betrachtete sich selbst im Spiegel des Wassers. Er hatte gerade ein Bad genommen und nun glänzten die langen Haare seines Fells wieder. „Ich sehe gut aus, auch wenn ich es von mir selbst sage", sprach er zu den anderen Tieren. „Keiner hat solch ein schönes Fell wie ich!" In diesem Augenblick lief ein Zebrajunges zum Wasserrand und begann zu trinken. Dadurch entstanden Wellen im Wasser. Hippo konnte sich nun nicht mehr sehen und schnauzte das kleine Zebra wütend an: „Mach, dass du wegkommst! Siehst du nicht, was du hier machst? Jetzt ist das Wasser als Spiegel nicht mehr zu gebrauchen!"
Es gab auch noch andere Tiere, die Wasser trinken wollten, aber sie wagten es nicht, Hippo noch wütender zu machen, und warteten deshalb ab, bis er mit seiner Selbstbewunderung fertig war.

So ging es eine ganze Weile, bis sich eines Tages ein großes Unwetter über dem Land zusammenbraute. Hippo lag, wie immer, faul an der besten Stelle: Im Schatten unter einem großen Baum. Die anderen Tiere sahen, wie das Unwetter immer näher kam, und warnten Hippo: „Du darfst nicht unter dem Baum liegen bleiben. Das ist gefährlich!"

„Ja, ja, ist schon gut", sagte Hippo. „Ich soll weggehen und dann legt ihr euch schnell auf meinen schönen Platz. Ich denke ja nicht dran!"

Die Tiere gaben auf und suchten sich einen sicheren Ort. Als das Gewitter dicht über dem Baum hing, schoss ein Blitz hinab und traf den Baum. Es entstand ein tiefer Riss im Baum. Und unter dem Baum … da lag ein kahler Hippo! Er hatte alle seine Haare verloren! Der Schreck saß ihm in den Gliedern, doch noch schlimmer war: Er schämte sich sehr! Er fühlte sich so nackt. So schnell, wie er nur konnte, rannte er ins Wasser.

Von diesem Zeitpunkt an kam er nur noch nachts aus dem Wasser, um zu grasen. Und in den Wasserspiegel schauen?

Was glaubst du? Macht er das noch?

Hippo tat es nie mehr!

Gesprächsleitfaden

Wie Hippo sein schönes Fell verlor

Hintergrund Diese Geschichte ist in Afrika weit verbreitet und wird oft erzählt.

Alter 6–12 Jahre

Gehalt Sich selbst und sein Äußeres zu wichtig nehmen. Die Folgen davon. Den Chef spielen. Nicht auf andere hören wollen.

Kernziele Aufmerksamkeit und Verantwortung für den eigenen Körper. Andere Menschen berücksichtigen und offen sein. Zu einer Gruppe dazugehören. Die Ursache von Streit.

Offene Fragen

? Wie findest du Hippo? Warum? – Wie kam es, dass er alle seine Haare verloren hat? Hättest du auf die anderen Tiere gehört?

?? Findest du es wichtig, wie du aussiehst? Warum? – Warum hört Hippo nicht auf die anderen Tiere?

??? Was ist dir wichtiger als dein Aussehen? Kannst du es erklären? – Hippo glaubt, dass es die Tiere auf seinen Platz unter dem Baum abgesehen haben. Wie kommt er darauf? – Hippo schaut nun nie mehr in den Wasserspiegel. Warum? Was würdest du tun?

19 Die Spieluhr

Robbi besucht heute jemanden – jemand ganz Besonderen: seine Oma! Er findet es immer sehr schön bei ihr. Sie wohnt in einem großen, alten Haus, in dem man wunderbar herumstöbern kann, und besitzt viele alten Sachen, über die sie spannende Geschichten erzählen kann. Zum Beispiel über die alte Spieluhr, die neben ihrem Stuhl auf einem kleinen Tisch steht. „Es ist ein kleines Wunderwerk", sagt sie oft, „und schon so alt, dass keiner mehr weiß, wo sie eigentlich herkommt." Oma macht die Spieluhr immer an, wenn es Zeit wird, dass Robbi ins Bett geht. Er darf sich dann auf ihren Schoß setzen und sie beobachten gemeinsam, wie die Uhr sich dreht, und genießen die schöne Musik. Nun ist Oma zwar sehr lieb, aber trotzdem darf Robbi nicht alles machen, was er will. Sie hat ihm verboten, dass er allein an der Spieluhr dreht. „Sie ist nicht für einen Menschen allein, sondern dafür, sich zusammen daran zu erfreuen."

Jetzt ist es beinahe Abend. Oma räumt in der Küche auf. Robbi schaut auf die Spieluhr und sieht das schöne Karussell, die Pferde, die sich im Takt auf- und abbewegen. Es scheint alles aus Gold gemacht zu sein, so schön glänzt es.

Er möchte die Spieluhr jetzt anmachen! Warum soll er auf Oma warten? Er zögert. Aber dann drehen seine Finger an dem Schlüssel der Spieluhr. Nichts geschieht. Er dreht noch einmal, und noch einmal und noch einmal … und dann … macht die Spieluhr „krrrrk" und rührt sich nicht mehr. Die Uhr lässt sich nicht öffnen. Das Karussell dreht sich nicht mehr. Keine Musik.

Robbi erschrickt. Was ist passiert? Was muss er jetzt tun?

Weißt du es?

Robbi nimmt die Spieluhr vorsichtig in seine Hände und läuft zu Oma in die Küche. Oma sieht, dass er beinahe weinen muss. „Sie ist kaputt", sagt Robbi.

Was antwortet oder macht Oma jetzt wohl? Was würdest du tun? Warum?

Oma nimmt Robbi in den Arm und sagt: „Wir finden es beide sehr schade, dass die Spieluhr kaputt ist. Ich weiß nicht, ob man sie noch reparieren kann. Aber es ist sehr schön, dass du gekommen bist, um es mir zu sagen."

20 Der Tanz des Kranichs

Vor langer Zeit lebte einmal in einem fernen Land ein netter, aber sehr armer Junge. Er hatte nicht einmal Geld, um sich etwas zu trinken zu kaufen. Glücklicherweise war in der Nähe seines Dorfes eine Herberge, in der er jederzeit willkommen war. Der Wirt gab ihm abends etwas zu essen und zu trinken. So geschah es bis zu jenem Tag, an dem der Junge zum Wirt sagte: „Morgen gehe ich weg. Ich danke dir für alles, was du für mich getan hast, und möchte dir gern ein Geschenk geben." Er lief zur Wand des Gasthauses und zeichnete darauf einen Kranich. Der Wirt und seine Gäste fanden die Zeichnung wunderschön!

„Aber", sagte der Junge, „das ist noch nicht alles. Das ist ein ganz besonderer Vogel. Wenn du dich mit deinen Gästen vor den Kranich setzt und in die Hände klatschst, beginnt er zu tanzen. Du musst mir nur eines versprechen: Du darfst den Vogel niemals nur für eine einzige Person tanzen lassen und es darf nur einmal geklatscht werden."

Der Wirt versprach es dem Jungen und dieser ging fort.

Nun setzten sich die Gäste vor den Kranich. Der Wirt klatschte in seine Hände und gleich darauf stieg der Vogel aus der Wand. Er tanzte so berührend und schön, dass die Menschen davon Tränen in den Augen hatten. Schnell verbreitete sich die Geschichte des tanzenden Kranichs in der ganzen Gegend und jeden Abend kamen nun viele Leute, um ihn zu sehen. Und natürlich aßen und tranken sie dann auch etwas in der Herberge. Auf diese Weise ging es dem Wirt nun sehr gut.

Eines Tages kam ein reicher und wichtiger Mann aus der Stadt in die Herberge. Der Wirt war sehr stolz, dass ein solcher Mann zu ihm kam. „Was möchten Sie bestellen?", fragte er. „Ich möchte, dass der Kranich für mich tanzt", sagte der Mann. „Gern", antwortete der Wirt. „Sie können sich dort drüben an die Wand setzen. Wir warten, bis alle da sind, dann klatsche ich in meine Hände und der Vogel wird tanzen." „Ich möchte, dass der Kranich nur für mich tanzt", sagte der Mann und legte einen Sack mit Geld auf den Tisch. Der Wirt überlegte. Er hatte doch versprochen, dass der Kranich niemals nur für eine einzige Person tanzen soll. Dann schaute er auf den Sack mit Geld und dachte: „Ein einziges Mal wird ja nicht so schlimm sein."

Er ließ den Mann allein bei der Zeichnung an der Wand und hörte, wie er kurz darauf in die Hände klatschte. Nichts geschah. Der Mann klatschte nochmals, stand dann auf, klatschte drei Mal und rief wütend zu dem Vogel: „Und jetzt tanze endlich!"

Der Kranich begann sich zu bewegen. Mit hängendem Kopf trat er aus der Mauer hervor und tanzte. Es war ein Tanz der Traurigkeit. Der Wirt befürchtete, dass der Vogel sterben würde.

Plötzlich öffnete sich die Tür und der Junge trat ein. Ohne etwas zu sagen, lief er zu dem Kranich, bog sich zu ihm hin und begann, auf einer Flöte zu spielen. Der Vogel richtete sich auf und lief zusammen mit dem Jungen zur Tür hinaus, weg von der Herberge, weg aus dem Dorf. Sie wurden nie mehr gesehen.

Gesprächsleitfaden

Die Spieluhr

Der Tanz des Kranichs

Hintergrund Die Geschichte „Der Tanz des Kranichs" stammt aus Asien und wird in China und Japan erzählt.

Alter Geschichte 19: Die Spieluhr, 6–8 Jahre
Geschichte 20: Der Tanz des Kranichs, 8–12 Jahre

Gehalt Habsucht. Kann man mir vertrauen? Nur an sich selbst denken, nicht zusammen sein, zusammen teilen wollen. Durch Ungeduld etwas Schönes verlieren. Nicht warten können, bis die richtige Zeit da ist.

Kernziele Erkennen von Habsucht. Sich an ein Versprechen halten. Einer Versuchung widerstehen. Der Unterschied, etwas gemeinsam zu genießen oder allein für sich selbst haben zu wollen.

Offene Fragen

Die Spieluhr

[?] Warum kann Robbi sich nicht von der Spieluhr fernhalten und auf Oma warten? – Warum ist die Spieluhr kaputt?

[?][?] Warum möchte Oma, dass man die Spieluhr immer gemeinsam anmacht? – Was möchtest du nicht mit anderen zusammen machen oder mit ihnen nicht teilen? Warum?

[?][?][?] Versprichst du manchmal etwas? Kannst du dich dann auch daran halten?

Offene Fragen

Der Tanz des Kranichs

[?] Warum möchte der Junge, dass der Kranich niemals nur für einen Menschen tanzt und auch nur nach einmal Klatschen? – Der reiche Mann möchte, dass der Vogel nur für ihn allein tanzt. Was hältst du davon? – Der Wirt lässt den Kranich doch nur für den reichen Mann tanzen. Warum?

[?][?] Der Tanz des Kranichs ist voller Traurigkeit. Verstehst du, warum? – Was hättest du an der Stelle des Gastwirtes getan? Warum?

[?][?][?] Wusste der Junge schon vorher, dass es für den Wirt schwierig werden könnte, sich an sein Versprechen zu halten? Warum? – Was möchtest du nicht zusammen mit anderen machen oder nicht mit anderen teilen? Warum? – Versprichst du manchmal etwas? Kannst du dich dann auch daran halten?

21 Osten, Westen – zu Hause am besten?

„Jetzt reicht es mir aber!", ärgert sich der Frosch Julius. „Das ist doch kein Ort, an dem man wohnen kann! Schau mich an: auf einem Blatt in einem kleinen Teich, in einem kleinen Garten, Mauern um mich herum. Und immer das gleiche Essen: Mücken mit Fliegen und Libellen oder Fliegen mit Libellen und Mücken. Es ist hier so langweilig. Ich gehe und suche mir etwas anderes."

Und so ging Julius in die weite Welt hinaus. Auf der Suche nach etwas Besserem. Er fand viele Orte, an denen Frösche wohnen können: in Gärten, auf der Weide, im Wald. Manche Orte waren groß, manche sehr schmutzig – oder sauber, aber viel zu klein; mit schönen Pflanzen, aber etwas schlammig; mit klarem Wasser, aber ohne Insekten als Nahrung. Immer stimmte etwas nicht. Die Orte waren alle anders, das schon, aber nicht besser. Julius fand nicht, was er suchte.

Bis er eines Tages am Rande eines Teiches ein allerliebstes Froschmädchen sah, in das er sich sofort verliebte. Und das einzige, was er denken konnte, war: „Ich möchte sie sofort mit nach Hause nehmen." Er sagte zu ihr: „Ich wohne in einem wunderschönen Teich mit Pflanzen, auf denen man sitzen kann. Er liegt in einem Garten und ist durch Mauern geschützt. Es gibt immer genug zu essen: Libellen, Fliegen, Mücken. Es ist dort sehr schön. Möchtest du mit mir gehen?"

Das Froschmädchen wollte gern mit ihm gehen. Und so kam der Frosch Julius wieder zurück zu seinem Teich. Der Teich war noch immer der gleiche und doch vollkommen anders.

Wie konnte das nur sein? Was glaubst du?

Die kleine und die große Welt

Mitten in einem kleinen Stadtgarten liegt ein verwahrloster Teich, voll mit Schlamm. Am Rand saß ein trübseliger Frosch. Er sagte zu sich selbst: „Das Leben ist langweilig und trostlos. Eigentlich ist es ein großes Schlammloch." Plötzlich bemerkte er einen zweiten Frosch, der direkt neben ihm saß. „Was hast du hier doch für eine lustige kleine Welt", sagte er. „Lustig? Lustig?", war die böse Antwort. „Es ist hier überhaupt nicht lustig. Ich finde die Welt schrecklich." „Vielleicht solltest du dann einmal darüber nachdenken, umzuziehen. In eine größere Welt", sagte der andere Frosch und erzählte ihm von dem großen Meer, woher er gekommen war. Ein Meer, in dem prächtige Pflanzen wachsen, auf dem Boote fahren und das Wasser bei Sonnenschein funkelt und glitzert.

„Das ist eine ganz andere Welt", sagte er. „Sie ist größer, schöner und lebendiger als diese hier." Aber der Frosch, der sowieso schon so düster war, wurde noch düsterer und sogar richtig ärgerlich. „Was erzählst du mir denn für einen Unsinn. Ich weiß doch, dass die Welt überall gleich ist. Darum bleibe ich hier. Ich bleibe sitzen, wo ich jetzt schon sitze."

„Schade, sehr schade", sagte der andere Frosch und sprang weg, um zurück in die Welt zu gehen, die schöner, größer und interessanter ist und wo es mehr Sonne und Weite gab. Der Frosch blieb allein in dem kleinen Teich zurück. Er schaute sich um und war noch unzufriedener als vorher.

Gesprächsleitfaden

Osten, Westen – zu Hause am besten?
Die kleine und die große Welt

Alter Geschichte 21: Osten – Westen, zu Hause am besten? 6–8 Jahre
Geschichte 22: Die kleine und die große Welt, 8–12 Jahre

Gehalt Unterschiedliche Lebensauffassungen: traurig oder lebenslustig. Sich verändern wollen oder können. Glücklich und zufrieden sein oder unzufrieden sein mit dem, was man hat. Sich nicht verändern können, an Altem festhalten, obwohl es sich nicht gut anfühlt. Durch andere Menschen oder eine andere Perspektive Veränderung der eigenen Sichtweise und Wahrnehmung.

Kernziele Wie stehst du im Leben? Was ist deine Sichtweise? Kannst du das, was du tust oder was du bist, verändern, wenn es sich nicht gut anfühlt? Die Bedeutung und der Einfluss von anderen, ihre Art zu leben, ihre Visionen.

Offene Fragen

Osten, Westen – zu Hause am besten?

[?] Weißt du, warum derselbe Teich für Julius auf einmal ganz anders war?

[?][?] Gibt es in deinem Leben auch etwas, das nicht so gut ist? Wie könnte es besser werden? Was könntest du dafür tun? – Könnte es auch noch schlimmer sein? Wie wäre das dann?

[?][?][?] Stelle dir vor, Julius hätte das Froschmädchen nicht getroffen. Wie wäre die Geschichte dann weitergegangen? Hast du eine Idee?

Offene Fragen

Die kleine und die große Welt

[?] Wie kann es sein, dass ein Frosch, der zu Besuch kommt, die Welt des traurigen Frosches lustig findet? – Hast du auch schon einmal erlebt, dass du etwas überhaupt nicht gut fandst, aber ein anderer ganz anders darüber dachte? Wie denn? Wie war das für dich? Hat sich dadurch etwas verändert?

[?][?] „Ich weiß, dass es überall gleich ist", sagt der traurige Frosch. Weiß er das wirklich? Wie kommt er auf diese Idee?

[?][?][?] Warum geht der traurige Frosch nicht mit an einen anderen Ort? Was glaubt er deiner Meinung nach wirklich? Verstehst du ihn? Denkst du manchmal auch so? – Stelle dir vor, der Frosch wäre mitgegangen. Wie würde die Geschichte dann weitergehen? Warum?

23 Die Weisheit des Kantschils

Information vorab: Ein Kantschil ist ein indonesisches Hirschferkel (lat. Tragulus napu) und sieht so ähnlich aus wie ein kleiner Hirsch.

Eines Tages kommt ein Bäcker zum König. „Majestät", sagt er, „ich habe ein Problem. Meine Nachbarn genießen immer den leckeren Duft meines Kuchens, der aus der Bäckerei weht. Ich weiß, dass sie arm sind, aber ich finde doch, dass sie für diese Luft etwas bezahlen müssen."

Der König findet, dass das eine schwierige Frage ist, und lässt seine Ratgeber, seine weisen Männer und die Zauberer darüber nachdenken. Doch auch sie finden es schwierig. „Vielleicht sollte ich den Kantschil kommen lassen, er ist sehr klug", sagte der König. Gesagt, getan. Der kleine Hirsch kommt sofort in den Palast. Sie erzählen ihm von dem Problem des Bäckers. „Tja", sagt der Kantschil, „darauf gibt es nur eine Antwort. Ich finde, dass der Bäcker für den Duft seiner Kuchen bezahlt werden muss."

Der König und seine Ratgeber sehen sich ungläubig an. Der Bäcker lacht, aber der Kantschil ist noch nicht fertig und sagt: „Ich finde sogar, dass der Bäcker eine königliche Belohnung dafür bekommen sollte." Nun lacht der Bäcker noch lauter, aber der König und seine Ratgeber sind sprachlos. „Leider, leider", spricht der Kantschil weiter, „können die armen Nachbarn es nicht bezahlen. Ich werde es für sie bezahlen. Aber, lieber König, ich habe nicht so viel Geld bei mir, kann ich es von dir leihen?" Obwohl der König nun überhaupt nichts mehr begreift, vertraut er doch dem Kantschil und lässt einen Sack mit Goldstücken bringen. Als die Schatzwächter den Sack gebracht haben, bittet er alle Anwesenden, sich hinzusetzen und ganz still zu sein.

 *Was glaubst du: Was wird nun geschehen?*

Er öffnet den Sack mit Goldstücken, holt eine Münze heraus und lässt sie fallen. Klimpernd rollt das Goldstück über den Boden. Der Kantschil nimmt noch eine Münze heraus und lässt auch diese fallen und noch eine und noch eine und noch eine ... bis alle Goldstücke klimpernd über den Boden rollen.

Da springt der Bäcker auf, um sie aufzuheben, doch der Kantschil ruft: „Halt, stop, warte! Du brauchst sie nicht aufzuheben, denn du bist nun bereits bezahlt worden." „Was?", fragen der Bäcker, der König und seine Ratgeber alle gleichzeitig. „Tja", erwidert der Kantschil, „du möchtest, dass deine armen Nachbarn dir den Duft des Kuchens bezahlen, obwohl sie niemals auch nur einen Krümel davon gegessen haben. Ich bezahle dich auf deine eigene Art und Weise – mit Münzen, die du wohl gehört hast, aber niemals bekommen wirst. Das Hören von Münzen im Tausch für das Riechen von Kuchen – das erscheint mir ein ehrliches Geschäft!"

Der Bäcker schaut zum König, aber er erkennt an dessen lachendem Gesicht sofort, dass er von ihm keine Hilfe erwarten kann. Wütend dreht er sich um und verlässt den Palast.

Und der Kantschil geht wieder zurück in sein Haus im Urwald von Indonesien.

Gesprächsleitfaden

Die Weisheit des Kantschils

Hintergrund Diese Geschichte ist die Bearbeitung einer Geschichte aus Java, Indonesien, in der der Kantschil wieder einmal die weiseste Figur ist. Der Kantschil ist ein Nachttier und lebt im Urwald. Er ähnelt einem Hirsch, ist aber viel kleiner. Da er so klein ist und doch überleben kann, glauben die Menschen schon Jahrhunderte lang, dass er besonders schlau sein muss.

Alter 8–12 Jahre

Gehalt Etwas verdienen wollen, aber nichts dafür tun wollen. Jemandem einen Spiegel vorhalten. Sich für andere einsetzen.

Kernziele Das Recht des Stärkeren ist nicht immer gerecht. Glauben, das Recht auf etwas zu haben. Durch die Einsicht von anderen lernen können. Sich an anderen bereichern. Wann ist etwas gerecht oder ungerecht? Beim Lösen von Problemen behilflich sein.

Offene Fragen [?] Der Bäcker sagt: „Ich habe ein Problem." Findest du, dass es an den Nachbarn oder an ihm selbst liegt? Warum? – Hat der Kantschil eine gute Lösung gefunden? Was meinst du?

[?][?] Der Kantschil unterstützt die armen Nachbarn. Wie findest du das? – Wie wäre die Geschichte weitergegangen, wenn er den Bäcker unterstützt hätte?

[?][?][?] Glaubst du, dass der Bäcker verstanden hat, was der Kantschil mit seiner Entscheidung beabsichtigt hat? Hat er etwas daraus gelernt? Was glaubst du? Warum? – Hat dir schon einmal jemand gezeigt, dass es nicht gut war, was du getan hast oder haben wolltest? Wie war das? Was hast du dann getan?

Das Orchester der Grillen

Nach einem warmen Sommertag beschließt das Orchester der Grillen, abends zu üben. Alle Mitglieder des Orchesters sitzen auf einem Grashalm und der Dirigent steht auf einer Blume. „Passt jetzt bitte auf! Gleich brauche ich jemanden, der ein Solo spielen kann. Wir spielen jetzt und in der Zwischenzeit entscheide ich, wer das sein soll." Die Orchestermusiker spielen nun alle, so gut, wie sie nur können, denn jeder möchte gern Solist sein – vor allem Karl Bach.

Er stellt sich gut sichtbar hin, sodass der Dirigent ihn sicher sehen kann. Als das Stück fertig ist, sagt der Dirigent: „Ihr habt alle ganz fantastisch gespielt, aber ich muss eine Wahl treffen. Ich entscheide mich für Jetta!" Karl fühlt, dass er böse wird. Diese Jetta spielt doch sicher nicht besser als er! Sie üben nun ein neues Musikstück und währenddessen denkt Karl: „Na, warte nur, wir sind noch nicht fertig, das wäre ja gelacht!"

Als sie mit dem Üben fertig sind, ist es schon beinahe Mitternacht. Die anderen Tiere des Waldes kommen dazu, um sich das Konzert der Grillen anzuhören. Das Orchester beginnt zu spielen und es klingt sofort sehr gut. Dann gibt der Dirigent Jetta ein Zeichen, dass sie mit ihrem Solo beginnen kann. In diesem Augenblick spielt Karl extra ganz falsch. Jetta hört es und kann sich nicht mehr gut konzentrieren. In ihren Augen stehen Tränen. Der Dirigent schaut zum Orchester. „Wer macht das?", fragen seine Augen. Sie spielen das Stück bis zum Ende fertig, aber wissen schon, dass das Publikum nicht zufrieden sein wird.

Als alles zu Ende ist und der Dirigent mit den Musikern allein ist, fragt er laut: „Wer hat das getan?" Niemand reagiert. Auch Karl nicht, aber er fühlt sich dabei sehr schuldig. Was hat er bloß gemacht? Jetta ist traurig, der Dirigent ist verärgert, die anderen Orchestermitglieder finden es auch nicht gut und das Publikum war enttäuscht.

Nachdem alle nach Hause gegangen sind, sitzt Karl noch auf seinem Grashalm. Was soll er jetzt machen? Er weiß es nicht.

Weißt du es?

Am nächsten Morgen sitzt Karl immer noch da und denkt nach, den ganzen Tag, bis zum Abend. Doch er hat immer noch keine Lösung gefunden und versteckt sich, da er es nicht wagt, zur Orchesterprobe zu gehen. Plötzlich hört er hinter sich ein Geräusch. Da steht der Dirigent! „Komm, Karl", sagt er. „Ich verstehe sehr wohl, was geschehen ist, und merke, dass es dir leidtut. Vielleicht gibt es etwas, das du tun kannst, um es wiedergutzumachen."

Karl ist erleichtert, dass der Dirigent ihm verziehen hat, und weiß nun auch, was er tun muss. Zuerst geht er zu Jetta und sagt ihr, dass er neidisch war. Möchte sie nun noch mit ihm musizieren? „Natürlich", sagt Jetta. „Ich fand es sehr peinlich, aber ich bin froh, dass du es mir erzählt hast." Karl sagt es auch den anderen Orchestermitgliedern.

Und als das Publikum nachts wieder der Musik lauscht, spielt er die Sterne vom Himmel.

Gesprächsleitfaden

Das Orchester der Grillen

Alter 6–8 Jahre

Gehalt Neid und die Folgen für andere. Vergebung.

Kernziele Selbsterkenntnis. Der Beste sein wollen. Die meiste Aufmerksamkeit haben wollen. Neid und seine Folgen. Einsicht und Vergebung.

Offene Fragen [?] Karl Bach möchte das Solostück spielen. Warum? – Ist er neidisch auf Jetta? Warum? – Bist du auch manchmal neidisch? Auf wen oder was? Wie fühlst du dich dabei? Was machst du dann?

[?][?] Der Dirigent vergibt Karl. Würdest du das auch tun?

[?][?][?] Wie würdest du reagieren, wenn du Jetta wärst? Oder ein Orchestermitglied?

25 Hiawatha

Hiawatha wurde in einer Zeit geboren, in der viele Indianerstämme gegeneinander Krieg führten. Als kleiner Junge spielte er zusammen mit seinen Freunden, dass sie Krieger wären, und er hoffte, einmal ein großer und starker Krieger zu werden. Aber es kam alles ganz anders …

Eines Nachts hatte er einen Traum. Er träumte von einer Welt ohne Krieg, in der die Stämme friedlich miteinander lebten. „Das ist niemals möglich!", dachte er, als er wieder erwachte. „Aber es wäre sehr schön. Vielleicht kann ich sogar etwas dafür tun?" Und das tat er auch. Er versuchte, Streit zu verhindern oder friedlich zu lösen. Es war für ihn nicht einfach, nicht mehr zu kämpfen. Er hatte sich schon so daran gewöhnt, auch wenn es oft nur ein Spiel gewesen war. Andere begannen, seinem Beispiel zu folgen.

Hiawatha wurde erwachsen und wie so oft machte der „Große Geist" seinen Auftrag immer schwieriger. Es gab einen Indianerstamm, die Onondaga, die einen gefürchteten Medizinmann hatten. Er hieß Atotarho und konnte die Gestalt eines sehr hässlichen Geschöpfes mit Klauen und windenden Schlangen als Haar annehmen. Um die Macht über alle Stämme zu bekommen, wollte er Krieg führen. Und Frieden, in dem die Macht geteilt wurde, wie es Hiawatha sich wünschte, wollte er ganz und gar nicht.

Der große Streit zwischen Hiawatha und Atotarho begann. Erst schien es sich in die falsche Richtung zu entwickeln: Der Medizinmann benutzte Gewalt und Zauberkraft, wodurch Hiawatha immer schwächer wurde. Einsam wanderte er über die weiten Ebenen des Landes, bis er wieder einen Traum hatte. Er träumte von einem großen Baum, der bis in das Gebiet des Großen Geistes reichte. Die fünf großen Indianerstämme formten zusammen die Zweige und auf der Spitze saß ein Riesenadler, der den Frieden bewachte. Der Stamm war gut in der Erde verwurzelt.

Hiawatha erzählte den Menschen von seinem Traum und viele glaubten, dass sie zusammen stark sein konnten. Nur die Onondaga mit ihrem bösen Medizinmann wollten nicht dazugehören. Darum beschloss Hiawatha, in einem weißen Kanu zu ihrem Dorf zu fahren. Dort angekommen, erzählte er ihnen über den Verlust von vielen Männern im Krieg, über den Kummer der Hinterbliebenen und über seinen Traum vom Frieden. Er erzählte von der Vereinigung der Stämme im „Bündnis der Fünf Völker". Die Vertreter der Stämme sollten durch die Frauen gewählt werden, die die Quelle und die Beschützer des Lebens sind.

Die Stammesmitglieder reagierten überrascht, aber sie wurden durch die letzten Worte von Hiawatha überzeugt: „Euer Gebiet liegt mitten zwischen den anderen Stammesgebieten und darum soll hier der Rat des Feuers seine Verhandlungen führen. Das Feuer soll ab sofort als Zeichen des Friedens immer brennen. Atotarho soll das Oberhaupt der Versammlung sein.

Selbst Atotarho war beeindruckt. Während einer Zeremonie bekam er den Eid zu hören, den er ablegen musste. Er hörte ihn noch als das machtgierige Geschöpf, das er einmal gewesen war, bis er den Eid aussprach: „Ich werde der Lehrer unserer fünf Völker sein. Ich werde eine Elefantenhaut tragen, um meine Wut, mein schlechtes Benehmen und meine Ungerechtigkeit im Zaum zu halten. Ich werde meine Aufgabe mit Geduld meistern. Ich werde ehrlich und streng sein, aber auch mit den Menschen mitfühlen. In meinem Herzen ist keine Angst oder Bosheit und ich werde über meine Taten gut nachdenken. Ich werde nicht nur an mich denken, sondern vor allem an die Belange der Fünf Völker, ihre Kinder und deren Ungeborene."

Bei jedem Wort veränderte sich Atotarho immer mehr. Die windenden Schlangen wurden Haare, seine Klauen wurden zu Händen. Das Volk jubelte. Und Hiawatha? Er ging still davon. Noch viele Jahre lang zog er mit seinem weißen Kanu durch das Land und erzählte den Menschen seinen Traum vom Frieden.

Gesprächsleitfaden

Hiawatha

Hintergrund

Diese Geschichte handelt von Hiawatha, einem Indianer, der laut der Volkserzählungen half, Frieden zwischen fünf Irokesen-Stämmen zu stiften, und sie dann in dem Bündnis der Fünf Völker vereinigte. Diese Bearbeitung wurde von dem Original von James Riordan abgeleitet.

Alter

10–12 Jahre

Gehalt

Träume und Ideale. Krieg und Frieden. Warum gibt es Krieg? Was braucht man für Frieden? Warum gibt es Streit? Wie kann jemand seine Meinung über Krieg ändern?

Kernziele

Träume und Ideale. Die eigene Rolle bei Streit, beim Lösen von Konflikten. Frieden. Wie kann Frieden zwischen den Menschen sein?

Offene Fragen

[?] Durch einen Traum veränderte sich das Leben von Hiawatha. Wie? – Hattest du schon einmal einen wichtigen Traum oder eine gute Idee, sei es im Schlaf oder wach? Hast du daraufhin etwas getan? Hast du den Traum verstanden? – Die Onondaga waren überrascht über das, was Hiawatha sagte. Was hatten sie erwartet?

[?][?] Hiawatha schlug vor, dass die Frauen die Vertreter des Volkes wählen. Verstehst du, warum? – In der Geschichte wird nicht erzählt, wie der Medizinmann auf den Vorschlag reagierte. Was glaubst du?

[?][?][?] Wodurch veränderte sich Atotarho und wurde vom hässlichen Geschöpf zum starken Anführer? – Glaubst du, dass die Stämme danach in Frieden gelebt haben? Kannst du es begründen? Wie geht es dir selbst damit? Fällt es dir leicht, Streit zu vermeiden? Was tust du dafür? – Was bedeutet der Große Geist für Hiawatha? Als Kind träumte Hiawatha davon, ein großer Krieger zu werden. Findest du, dass er sein Ziel erreicht hat?

26 Die Mücke Nasum und der Elefant

Es war einmal eine Mücke, die über viele Dinge sehr lange und sehr intensiv nachdachte. Darum wurde sie von den anderen Tieren „Schlaue Nasum" genannt. Eines Tages beschloss sie, nachdem sie sehr lange nachgedacht hatte, dass es Zeit war, umzuziehen – und zwar in das Ohr eines Elefanten. Gesagt, getan. Und Nasum wäre nicht Nasum, wenn sie ihr Vorhaben nicht mit dem nötigen Pflichtbewusstsein umsetzen würde. Sie rief in das Elefantenohr: „Hallo, Elefant, ich ziehe heute mit meiner Familie in dein Ohr. Du findest das sicherlich eine große Ehre!"

Der Elefant reagierte nicht. Er hatte das Summen der Mücke nicht einmal gehört. Er spürte auch nicht, dass es neue Bewohner in seinem Ohr gab. Nasum wohnte sehr lange und meist auch sehr glücklich in den vielen Zimmern des Ohres und bekam viele Mückenkinder. Doch dann kam der Tag, an dem sie nach langem Nachdenken beschloss, wieder umzuziehen. Sie hatte ganz genau einstudiert, was sie zu dieser feierlichen Gelegenheit des Auszugs zu dem Elefanten sagen würde. Und nun war der Moment gekommen.

Sie rief dreimal in sein Ohr: „Herr Elefant! Herr Elefant! Herr Elefant!" Aber er reagierte nicht. Da schrie sie in sein Ohr: „Ich, Nasum, ziehe heute aus! Ich habe hier sehr lange gewohnt, aber nun habe ich gute Gründe, um auszuziehen. Hast du mich gehört?" Und noch einmal so laut wie möglich: „Hast du mich gehört?"
Jetzt hörte der Elefant ein leises Summen, aber noch bevor er reagieren konnte, sagte Nasum: „Was sagst du dazu?"
Der Elefant hob seinen Kopf und trompetete: „Geh ruhig. Ich wusste nicht einmal, dass du hier gewesen bist, also werde ich auch nicht merken, dass du weg bist!"

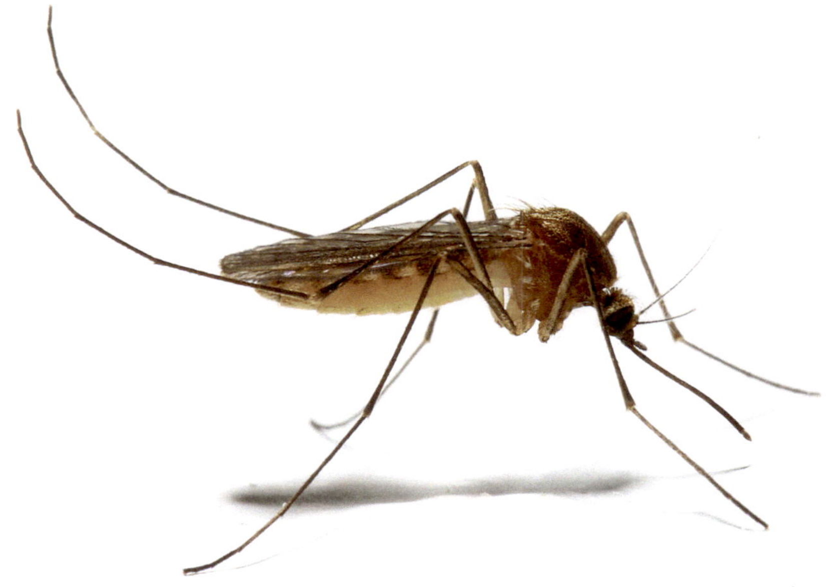

Gesprächsleitfaden

Die Mücke Nasum und der Elefant

Hintergrund Diese Geschichte wird schon seit Jahrhunderten weitererzählt, u. a. durch die Sufis (Derwische).

Alter 6–12 Jahre

Gehalt Sich selbst wichtig finden und glauben, dass andere es genauso sehen. Sich nicht durch Wichtigmachen von anderen beeindrucken lassen.

Kernziele Selbsterkenntnis. Gefühl für den eigenen Wert. Mit dem Benehmen anderer, die Eindruck machen wollen, umgehen können.

Offene Fragen

? „Geh ruhig, ich wusste nicht einmal, dass du da warst." Wie fühlt sich Nasum, als sie das hört? – Die anderen Tiere nennen die Mücke „Schlaue Nasum". Was meinen sie damit? Warum?

?? Nasum glaubt, dass der Elefant es als eine große Ehre empfindet, wenn sie mit ihrer Familie in sein Ohr zieht. Was glaubst du, denkt der Elefant wirklich?

??? Weißt du, was andere über dich denken? Fragst du manchmal nach? – Was hättest du gern, wie andere über dich denken?

Frau Schnecke bekommt ein Haus

Vor langer, langer Zeit, als die ersten großen Tiere aus dem Wasser heraus an Land kamen, krochen auch ganz kleine Tiere an Land. Es waren Spinnen, allerlei kriechende und fliegende Insekten und auch Schnecken. Die Schnecken hatten damals noch kein eigenes Schneckenhaus. Die großen Tiere bewegten sich mit viel Lärm, die Kleinen waren etwas vorsichtiger, ein wenig unsichtbarer, da sonst die Gefahr bestand, von den großen Pfoten zertrampelt zu werden.

Die großen Tiere hatten den Löwen als König. Die Kleinen hatten als König und Königin das Ehepaar Assel. Eines Tages luden Herr und Frau Assel ihre Untertanen zu einem großen Fest unter dem allergrößten Stein in der Umgebung ein. Pünktlich kamen alle Tiere fliegend, kriechend oder schlurfend zu dem verabredeten Treffen. Alle? Nein, ein Tier fehlte: die Schnecke. „Wo ist unser Weichtier, Frau Schnecke?", fragte der König. Die anderen Tiere wussten es auch nicht. Daraufhin sprach der König: „Ihr bleibt alle hier in Sicherheit unter diesem Stein. Ich schaue nach, was mit Frau Schnecke geschehen ist." Er machte sich auf den Weg und fand sie unter einem Haufen Blätter, wo sie auch wohnte.

„Warum bist du unserer Einladung nicht gefolgt? Wir haben dich doch eingeladen!", fragte der König. „Ich bin eigentlich immer am liebsten zu Hause", antwortete die Schnecke. „Dann habe ich eine Lösung für dich", sagte der König. „Von nun an kannst du dein Haus überallhin mitnehmen."

Auf diese Weise bekam die erste Schnecke ihr Schneckenhaus. Frau Schnecke kroch nun zusammen mit König Assel zu dem Fest. Sie war sehr froh, dass sie sich durch ihr Haus sicher fühlen konnte. Die Königin bemerkte es und sagte zu ihrem Mann: „Sollen wir den anderen Schnecken gestatten, selbst zu wählen, ob sie ihr Haus behalten möchten oder nicht?" Und das taten sie dann auch. Von dieser Zeit an gibt es Schnecken mit und ohne Schneckenhaus.

28 Wie die Schildkröte zu ihrem Panzer kam

Zeus, der höchste Gott im alten Griechenland, war sehr mächtig. Und wenn er böse wurde, warf er mit Blitzen. Als Zeus die Göttin Hera heiratete, lud er alle Tiere der Erde zu dem Fest ein. Am Tag der Hochzeit kamen sie herbei: aus dem Meer und von der Küste, durch das Wasser, über Land und durch die Luft. Sie hatten viel Spaß, denn es gab viele Vergnügungen. Und, was für viele Tiere das Wichtigste war: Es gab viel zu essen.

Zeus genoss den Tag, bis ihm auffiel, dass ein Tier fehlte. „Wo ist denn die Schildkröte?", fragte er Hera, seine frisch angetraute Frau. Hera schaute sich genau um und entdeckte die Schildkröte in ihrer Behausung unter einigen Blättern. Sie berichtete es Zeus und dieser antwortete in einem Ton, der nichts Gutes ahnen ließ: „Ich gehe morgen hin."

Am nächsten Tag fand Zeus die Schildkröte unter einem großen Blatt am Ufer des Flusses. „Warum warst du nicht auf meinem Fest?", fragte er gefährlich ruhig. „Ich hatte keine Lust. Ich bin am liebsten allein zu Hause", flüsterte die Schildkröte. Da entgegnete Zeus wutentbrannt: „Du hattest keine Lust? Du bist lieber zu Hause? Du hattest keine Lust, uns zu gratulieren, weil du lieber zu Hause bist? Weißt du, was du in Zukunft tun kannst? Du darfst dein Haus überallhin mitnehmen. Schlimmer noch – du kommst nie mehr heraus!" Er bekräftigte seine Worte mit Blitz und Donnerschlag und verschwand.

Die Schildkröte fühlte nun plötzlich etwas Schweres auf ihrem Rücken und etwas Steifes auf ihrem Bauch. Sie war in einem Panzer gefangen und konnte nur ihren Kopf und ihre Beine hinausstrecken. So schnell, wie sie konnte, krabbelte sie weg.

Zeus war inzwischen wieder bei Hera angekommen. Sie ließ ihn erzählen, was geschehen war, und fragte dann: „Warum bist du so verärgert? Die Schildkröte ist einfach lieber zu Hause. Ich bin auch gern zu Hause. Du doch auch. Ich finde, dass du ihr die Wahl lassen musst."

Zeus antwortete: „Prima, dann kannst du ihr das ja jetzt erzählen." So ging Hera zu der Schildkröte und fragte sie, was sie lieber haben möchte: einen Panzer oder keinen. „Ich bin zufrieden mit dem Haus, in dem ich nun für immer wohnen kann", sagte die Schildkröte. Und seit diesem Tag tragen alle Schildkröten ihr Haus immer mit sich.

Gesprächsleitfaden

Frau Schnecke bekommt ein Haus
Wie die Schildkröte zu ihrem Panzer kam

Hintergrund Die Geschichte „Wie die Schildkröte zu ihrem Panzer kam" ist eine Bearbeitung einer Erzählung aus dem alten Griechenland. Sie wird auch in vielen anderen Kulturen erzählt, manchmal als Schöpfungsgeschichte oder als Spiegelungsgeschichte.

Alter Geschichte 27: Frau Schnecke bekommt ein Haus, 6–8 Jahre
Geschichte 28: Wie die Schildkröte zu ihrem Panzer kam, 8–12 Jahre

Gehalt Zu Hause sein, sich zu Hause fühlen in sich selbst. Sich entscheiden, allein zu sein oder zu Hause zu bleiben. Mit anderen zusammen sein. Die Reaktionen anderer auf deine Entscheidung.

Kernziele Sich in sich selbst zu Hause fühlen, bei anderen zu Hause fühlen. Das Gleichgewicht zwischen Alleinsein und Zusammensein finden. Das Recht, eine eigene Wahl zu treffen ohne Rücksicht auf gesellschaftlich erwünschtes Verhalten.

Offene Fragen

Frau Schnecke bekommt ein Haus

[?] Frau Schnecke ist am liebsten zu Hause. Kannst du das verstehen?

[?][?] Frau Schnecke geht nicht zu dem Treffen. Wie findest du das?

[?][?][?] König Assel gestattet ihr, das Haus immer bei sich zu tragen. Was hältst du davon? Warum? – Bist du auch manchmal am liebsten zu Hause? Warum? – Wo fühlst du dich zu Hause?

Offene Fragen

Wie die Schildkröte zu ihrem Panzer kam

[?] Die Schildkröte geht nicht zu dem Fest. Wie findest du das? – Hat Zeus richtig reagiert? Warum? – Was bedeutet es für die Schildkröte, zu Hause zu bleiben? – Findest du Heras Einwand berechtigt?

[?][?] Muss man immer zu Hause sein, um sich auch zu Hause zu fühlen? – Was ist für dich wichtig, damit du dich zu Hause fühlst?

[?][?][?] Wo fühlst du dich zu Hause? Warum? Wo nicht? Kannst du es begründen? – Möchtest du auch manchmal allein sein? Warum? – Gibt es Dinge, die du lieber allein machst? Oder Dinge, die du gern mit anderen zusammen machst? Warum?

29 Ein weißer Schwanz

In einem Wald am Rande der Stadt stand in aller Ruhe ein Baum. Nun, meistens in aller Ruhe … Heute nicht. Heute ging es auf seinen Zweigen und zwischen den Blättern zu wie auf einem Bahnhof. Drei junge Eichhörnchen jagten zwischen den Ästen hintereinander her. Auf einem anderen Baum in der Nähe saßen ihre Mütter, passten ein wenig auf sie auf und plauderten miteinander. Plötzlich hörten sie kein einziges Geräusch mehr aus dem Spielbaum. Das war seltsam! Sie gingen schnell hin, um zu sehen, was ihre Kinder ausheckten. Doch die jungen Eichhörnchen saßen auf einem Ast und schauten auf ein anderes Eichhörnchen, das sicher nicht aus der Gegend hier kam. Das sah man nämlich an seinem Schwanz. Er war nicht einfach nur braun, sondern hatte noch einen langen weißen Streifen. Die Mutter dieses Eichhörnchens hatte genau den gleichen Schwanz und saß etwas verlegen daneben.

Die drei Mütter fanden es eigenartig. Eine der Mütter sagte zu ihrem Kind: „Komm, wir müssen jetzt nach Hause.“ Und während sie vom Spielbaum hinabkletterten, sagte sie: „Ich möchte nicht, dass du mit diesem fremden Eichhörnchen spielst. Wer weiß, wo sie herkommen. Sie reden und verhalten sich sicher ganz anders als wir und ich möchte nicht, dass du das auch tust.“

Die andere Mutter sagte zu der Mutter mit dem weißen Schwanz: „Das hier ist der Spielbaum unserer Kinder. Spiel mit deinem Kind irgendwo anders.“ Auch sie nahm ihr Kind mit nach Hause. Es war nun nur noch eine Mutter übrig und sie sagte: „Ich bin Frau Braun. Und wer sind Sie?“ „Ich bin Frau Weiß“, antwortete die Mutter mit dem weißen Schwanz. „Wir sind hierhergekommen, weil unser eigener Baum umgesägt wurde und ich dachte, dass unser Kind hier schön spielen könnte.“ „Von mir aus gern“, sagte Mutter Braun. „Aber sollten wir nicht unsere Kinder fragen, ob sie miteinander spielen möchten?“

Nun, das brauchten sie nicht mehr zu fragen, denn die Kinder spielten bereits wunderbar miteinander. Sie jagten hintereinander her durch den Baum und riefen: „Braunschwänzchen, fang mich doch! Weißschwänzchen, du kriegst mich nicht!“

Und der Baum? Der dachte: „Gleich ist Schlafenszeit. Dann ist es hier wieder wunderbar ruhig …“

Gesprächsleitfaden

Ein weißer Schwanz

Alter 6–12 Jahre

Gehalt Mit Unterschieden umgehen. Diskriminierung. Miteinander spielen und sich akzeptieren. Wann gehört dir etwas?

Kernziele Selbstbild. Umgehen mit Anderssein. Etwas für sich selbst behalten wollen. Andere aufgrund ihres Aussehens oder ihrer Herkunft beurteilen. Dorfgemeinschaft und Fremde.

Offene Fragen [?] Eine Mutter verbietet ihrem Jungen, mit dem fremden Eichhörnchen zu spielen, weil es dann vielleicht andere Verhaltensweisen annimmt als bisher. Findest du das gut so? – Die andere Mutter findet, dass nur Eichhörnchen aus der Gegend in dem Baum spielen dürfen. Was hältst du davon? – Frau Braun erlaubt ihrem Kind, mit dem Jungen von Frau Weiß zu spielen. Würdest du das auch tun?

[?][?] Frau Braun ist sehr nett und höflich zu Frau Weiß. Warum verhalten sich die anderen beiden Mütter nicht genauso? –
Gibt es jemanden, den du manchmal nicht mitspielen lässt? Warum? Gibt es dafür eine Lösung? – Darfst du auch manchmal nicht mitspielen? Weißt du dann, warum? Hättest du es gern anders? Wie könnte man das ändern?

[?][?][?] Hast du einmal jemanden nicht mitspielen lassen, weil er anders war? Warum? – Ist es dir selbst auch schon einmal so ergangen? – Kennst du Beispiele von Diskriminierung, in der Schule, im Verein, auf der Straße? Was müsste geschehen oder verändert werden, damit das nicht mehr passiert?

30 Gemeinsam zu schlau für die Jäger

Es herrscht Aufregung im Kaninchenbau. Ein unangenehmer Duft strömt aus einem der Gänge: Der Duft eines Hundes. Die älteren Kaninchen wissen, was das bedeutet: Ein Hund! Gejagt werden! In Säcken, die die Jäger an die Höhlenausgänge halten, gefangen werden, wenn die Kaninchen versuchen, zu flüchten. Die Panik ist groß.

Die Tiere rennen hin und her, bis schließlich eines ruft: „Stopp! Wir machen genau das, was sie wollen. Der Hund soll uns zu den Ausgängen jagen, wo die Jäger schon mit ihren Säcken bereitstehen. Gerade das sollten wir jetzt nicht tun!" Aber die Kaninchen hören nicht zu. Sie haben zu viel Angst und möchten nur aus der Höhle weg – weg vor dem Hund, der immer näher kommt. Und so flüchten sie aus den Gängen genau in die Säcke der Jäger. Dort versuchen sie verzweifelt, sich zu befreien, sind sich aber nur gegenseitig im Weg. Mit einem dumpfen Schlag landen sie im Kofferraum des Autos der Jäger.

Da sitzen sie jetzt. Kein einziges Kaninchen rührt sich nun mehr und es ist absolut still, bis ein Kaninchen sagt: „Vielleicht gelingt es uns, zu flüchten, aber dann müssen wir alle zusammenhalten. Wir nagen miteinander die Säcke auf, sodass wir hinausschlüpfen können. Dann warten wir, bis der Deckel des Kofferraumes aufgemacht wird, und springen alle gleichzeitig aus dem Auto."

Jetzt haben die Kaninchen alle sehr genau zugehört. Sie nagen und nagen und sind gerade fertig geworden, als der Kofferraum aufgemacht wird. Alle Kaninchen springen sofort aus dem Auto und hinterlassen Jäger und Hunde, die ihnen mit staunenden Blicken hinterherschauen.

31 Die Suppenlöffel

Stelle dir vor, du bist in einer großen Halle, in der lange Tische stehen, an denen Menschen sitzen. Die Menschen warten auf etwas, während sie hungrig auf die Teller mit Suppe schauen, die vor ihnen stehen. Neben den Tellern liegen Suppenlöffel – keine normalen Löffel, sondern Löffel, die ungefähr einen Meter lang sind.

Als ein Signal ertönt, ergreifen die Menschen die Löffel und versuchen, die Suppe damit zu essen. Sie tauchen die Löffel in den Teller – aber dann …! Sie können die Suppe mit diesen langen Löffeln nicht in ihren Mund bekommen. Manche werfen die Löffel weg und versuchen, den Teller aufzunehmen, aber es gelingt nicht. Die Teller sind am Tisch festgemacht. Als manche versuchen, die Suppe mit ihrem Mund aufzuschlürfen, sind die Teller auf einmal leer.

Inzwischen haben andere sich selbst, den Tisch und die Nachbarn mit Suppe vollgekleckert, aber in ihren Mund gelangt kein Tropfen Suppe. Sie werden immer wütender. Einer versucht nun, die Suppe aus dem Teller eines Anderen zu stehlen. Dieser reagiert verärgert und beginnt, den Dieb mit seinem Löffel zu schlagen. Das Durcheinander wird immer größer und lauter und dann … wirst du wach.

Der Traum ist aber noch nicht zu Ende. Du überlegst, wie die Menschen das Problem lösen könnten.

Hast du eine Idee? Weißt du auch, warum die Menschen in deinem Traum nicht darauf kamen? Wenn diese Fragen beantwortet wurden, kann das Folgende erzählt werden:

Durch den Rat eines Menschen, der ruhig geblieben war, wurde schließlich eine Lösung gefunden: Die Menschen fütterten sich gegenseitig!

Gesprächsleitfaden

Gemeinsam zu schlau für die Jäger
Die Suppenlöffel

Hintergrund Die Geschichte „Die Suppenlöffel" ist eine Bearbeitung der jüdischen Erzählung „Himmel und Hölle".

Alter Geschichte 30: Gemeinsam zu schlau für die Jäger, 6–8 Jahre
Geschichte 31: Die Suppenlöffel, 8–12 Jahre

Gehalt Zusammenarbeit, Zusammenhalt. Nur an sich selbst denken. Offen sein für die Ideen von anderen. Angst und Habsucht als Gründe, um nicht zusammenzuarbeiten. Reagieren in Panik.

Kernziele Erkennen von Gefühlen wie Ohnmacht, Angst, Habsucht, Panik bei sich selbst und bei anderen. Neue Ideen und Lösungsmöglichkeiten zulassen. Wenn man zusammen lebt, zusammen einen Auftrag hat, ist Zusammenarbeit unerlässlich.

Offene Fragen — Gemeinsam zu schlau für die Jäger

[?] Zuerst hörten die Kaninchen nicht auf den Vorschlag des einen Kaninchens. Warum?

[?][?] Was wäre die erste Idee gewesen? Weißt du es? Sie brauchen sie vielleicht, wenn sie in einer neuen Höhle sind. – Warum haben sie dann auf den Rat gehört, als sie in dem Kofferraum gefangen waren?

[?][?][?] Die Geschichte heißt „Gemeinsam zu schlau für die Jäger". Kannst du dir eine Geschichte mit dem gleichen Titel überlegen, in der es um dich und andere geht?

Offene Fragen — Die Suppenlöffel

[?] Die Leute können mit den langen Löffeln nicht essen. Was denken sie wohl? – Schließlich gibt es ein großes Durcheinander. Wie und wodurch konnte es entstehen? – Hast du eine Idee, wie die Menschen die Suppe doch noch essen können? Was brauchen sie dafür?

[?][?] Stell dir vor, dass du selbst in der Situation gewesen wärst. Was hättest du getan? – Sind die Menschen nur verärgert, weil sie die Suppe nicht essen können, oder gibt es noch andere Gründe?

[?][?][?] Hast du auch schon einmal das Gefühl gehabt, dass du etwas nicht allein lösen kannst? Bist du dann auch wütend geworden? Hat es dir geholfen? Wie hättest du diese Situation mit der Hilfe von anderen lösen können?

32 Onkel Grille, der Wahrsager

Es war einmal ein König, der seinen Ring verloren hatte. Drei Diener hatten ihn gestohlen und einem großen Goldfisch zum Fraß vorgeworfen. Sie wollten den Fisch dann nach einigen Tagen fangen und den Ring wieder herausholen. Aber das wusste der König natürlich nicht. Er ließ alle Wahrsager seines Reiches herbeirufen. Sie sollten innerhalb von drei Tagen herausgefunden haben, wo der Ring geblieben war. Als Belohnung sollten sie in diesen Tagen im Palast königlich versorgt werden, essen und trinken, was sie nur wollten, und jeder Wunsch sollte ihnen erfüllt werden.

Aber kein einziger Wahrsager erschien. Denn die Vorstellung, dass sie ihren Kopf verlieren würden, wenn sie den Ring innerhalb von drei Tagen nicht gefunden hatten, gefiel keinem.

Onkel Grille, ein krummes, altes Männchen, war überhaupt kein Wahrsager, aber er hatte Lust auf drei fantastische Tage im Palast. Er hatte nämlich großen Hunger, aber kein Geld, um sich Essen zu kaufen. „Mir ist es egal, wenn sie mir den Kopf abhacken. Ich bin alt. Sterben werde ich sowieso bald. Ich werde die drei Tage genießen", sagte er zu sich selbst.

Er ging in den Palast und freute sich an allem, was er am ersten Tag bekommen konnte. Abends sagte er zu den Dienern: „So, das war der erste. Jetzt noch zwei." Ein Diener erschrak sehr. Er war einer der Diebe und dachte, dass Onkel Grille ihn damit meinte: den ersten Dieb.

Nach dem zweiten herrlichen Tag sagte Onkel Grille: „Das war der zweite. Jetzt nur noch einer!" Er bemerkte nicht, dass nun zwei Diener erschraken. Am letzten Tag, dem schönsten Tag im Leben von Onkel Grille, sagte er: „Jetzt ist es vorbei. Jetzt habe ich sie alle drei." Er erschrak gewaltig, als plötzlich drei Diener vor ihm auf die Knie fielen und ihn anflehten: „Wir haben es getan. Wir sagen dir, wo der Ring ist. Aber verrate uns bitte nicht! Der Ring ist in dem großen Goldfisch im Teich!"

Dort wurde er auch gefunden. Der König freute sich so sehr, dass er Onkel Grille versprach, dass er sein Leben lang im Palast wohnen durfte. Nun konnte Onkel Grille noch sehr lange die schönsten Tage seines Lebens zählen.

Gesprächsleitfaden

Onkel Grille, der Wahrsager

Hintergrund Diese Geschichte kommt aus Nicaragua.

Alter 6–12 Jahre

Gehalt Ehrlichkeit. Lügen. Sich selbst verraten. Notlügen. Andere verraten.

Kernziele Selbsterkenntnis. Ehrlich sein. Diebstahl. Die Wahrheit über andere erzählen oder nicht.

Offene Fragen [?] Hat Onkel Grille dem König erzählt, wer die Diebe sind? Was glaubst du? Warum? Was hättest du getan? – Onkel Grille war kein echter Wahrsager. Hat er das dem König gesagt? Wie denkst du darüber? Ist das eine Notlüge, damit er drei Tage gut versorgt ist?

[?][?] Was findest du schlimmer: Stehlen oder Lügen? Warum?

[?][?][?] Wenn Onkel Grille sagt, wer die Diebe sind, obwohl sie ihn bitten, es nicht zu sagen – ist das dann ein Verrat? – Hast du auch schon einmal entscheiden müssen, ob du etwas über jemanden verrätst oder nicht? Wie war das für dich?

Karl, der kleine Gänserich

Karl, der kleine Gänserich (so heißen die männlichen jungen Gänse), ist erst ein paar Monate alt, als er mit seinem Bruder, seiner Schwester und seinen Eltern den Ort verlässt, an dem er geboren wurde. Der Winter ist im Anmarsch und darum fliegen sie zusammen mit Hunderten anderer Gänse in wärmere Gefilde.

Irgendwo auf dem Weg landen sie auf einer Weide dicht bei einem großen Fluss. Für Karl ist alles neu und spannend. Was soll er als Erstes tun? „Ich gehe zum Fluss", sagt er zu seinen Brüdern. „Mach das besser nicht, sonst verirrst du dich vielleicht. Bleib besser auf der Wiese."

„Ich schaue mich mal ein wenig auf der Wiese um", sagt Karl kurz darauf zu seiner Schwester. „Das ist keine gute Idee", antwortet sie. „Diese Weide ist sehr groß. Vielleicht findest du uns dann zwischen all den anderen Gänsen nicht mehr."

Karl denkt kurz darüber nach und sagt dann zu seiner Mutter: „Jetzt weiß ich, was ich mache. Ich flieg ein wenig herum, dann kann ich die Gegend etwas besser kennenlernen."
„Hast du gesehen, wie viele Gänse hier fliegen?", fragt seine Mutter. „Du würdest vielleicht mit der falschen Gruppe mitfliegen und auf einer ganz anderen Weide landen. Geh am besten zum Fluss!"

Jetzt weiß Karl überhaupt nicht mehr, was er tun soll. Er geht zu seinem Vater und sagt: „Wie weiß ich denn, was ich tun soll, wenn jeder etwas anderes sagt?"
„Tja …", sagt sein Vater …

Was glaubst du, was der Vater jetzt sagen wird?

„Ich glaube, dass du jetzt alt genug bist, um selbst zu entscheiden, was du tun möchtest", sagt der Vater.

34 Mullah Nasrudin, sein Sohn und der Esel

Mullah Nasrudin war mit seinem Sohn und einem Esel auf dem Weg in ein Dorf. Der Mullah lief hinter dem Esel und sein Sohn saß auf dem Esel. So liefen sie an einigen Bauern vorbei, die auf ihrem Feld arbeiteten. „Schaut euch das nur an. Nennt man das Erziehung?", sagten sie so laut, dass Vater und Sohn es hören mussten. „Ist das Respekt für deinen Vater?", fragte ein Bauer den Sohn ganz entrüstet. „Du sitzt seelenruhig auf dem Esel, während dein Vater hinter dem Esel herlaufen muss. Und das in dieser Hitze!" Der Sohn erschrak sehr und schämte sich, sprang von dem Esel hinunter und forderte seinen Vater auf, sich auf den Esel zu setzen.

Sie waren noch nicht weit gekommen, da begegnete ihnen eine Gruppe von Männern, die auf dem Weg zum Markt waren. „Was für eine Schande", rief einer von ihnen. „Was für ein schlechter Vater! Lässt sein Kind hinter sich herlaufen und sitzt selbst königlich auf dem Esel. Bah!" Mullah Nasrudin fühlte sich nun sehr schlecht. „Komm her, mein Sohn", sagte er, „und steige vor mir auf den Esel. Es ist Platz genug für uns beide."

Ein Stück weiter kamen sie an einen Brunnen, aus dem gerade einige Frauen Wasser schöpften. Sie redeten nicht laut, aber der Mullah und sein Sohn konnten sie verstehen: „Tapfere Reiter sind das, die nicht merken, dass das arme Tier durch das Gewicht der beiden beinahe in die Knie sinkt."
Der Sohn schaute geradeaus und versuchte so zu tun, als ob er es nicht hörte. Als sie schon lange an dem Brunnen vorbei waren, drehte er sich verzweifelt zu seinem Vater um. Dieser nickte nur und beide stiegen sofort von ihrem Esel ab und liefen nun vor ihm her. Der Esel freute sich, winkte mit seinem Schwanz und machte laut „I-aah!".

Kurze Zeit später erreichten sie das Dorf und liefen an einem Café vorbei. Dort saßen einige Leute und spielten Karten. Sie schauten auf, begannen laut zu lachen und riefen: „Was sind denn das für Dummköpfe? Da haben sie einen starken Esel und anstatt ihn als Reittier zu nutzen, trotten sie hinterher. Wer ist hier der Chef? Der Esel oder die beiden?" Der Mullah und sein Sohn reagierten nicht und liefen einfach weiter. Als niemand sie mehr hören konnte, sagte Nasrudin zu seinem Sohn:

Was glaubst du, was Nasrudin nun sagen wird?

„Jetzt siehst du, wie die Welt funktioniert, mein Sohn. Was du auch tust, du kannst es nie allen recht machen. Darum musst du selbst entscheiden, was du tust!"

Gesprächsleitfaden

Karl, der kleine Gänserich
Mullah Nasrudin, sein Sohn und der Esel

Hintergrund Über Mullah Nasrudin gibt es viele Geschichten. Man sagt, dass er in einem türkischen Dorf wohnte und der geistige Leiter war. Die Geschichten werden erzählt, um Menschen einen Spiegel vorzuhalten, meist mit viel Humor.

Alter Geschichte 33: Karl, der kleine Gänserich, 6–8 Jahre
Geschichte 34: Mullah Nasrudin, sein Sohn und der Esel, 8–12 Jahre

Gehalt Die Meinung anderer. Eigene Entscheidungen treffen. Es ist nicht möglich, es jedem recht zu machen.

Kernziele Für sich selbst einstehen. Eigene Ideen entwickeln.
Mit den Ansichten anderer umgehen können.

Offene Fragen **Karl, der kleine Gänserich**

? Weiß Karl am Ende, was er tun soll, oder nicht? Warum?

?? Auf welchen Rat hättest du gehört? Auf den des Bruders, der Schwester, der Mutter oder auf keinen?

??? Sagen andere manchmal, dass du etwas nicht tun sollst, obwohl du denkst, dass es richtig ist? Was machst du dann? Warum?

Offene Fragen **Mullah Nasrudin, sein Sohn und der Esel**

? Jeder, dem sie unterwegs begegnen, hat eine Meinung. Welcher Meinung würdest du zustimmen? Warum?

?? Gibt es eine Meinung, die jeder gut finden würde?

??? Was sollten Mullah Nasrudin und sein Sohn deiner Meinung nach tun? – Wolltest du schon einmal etwas tun, wozu andere eine andere Meinung hatten? Was hast du gemacht? Warum?

35 Frau Biber

An einem schönen Frühlingstag sitzen Herr und Frau Biber auf ihrer Burg aus Zweigen und Baumstämmen und schauen, wie groß der Schaden an ihrem Heim ist.

„Es ist schrecklich", sagt Herr Biber. „Es ist viel schlimmer als all die Jahre zuvor. Der Fluss hat im Winter beinahe die Hälfte unseres Hauses mitgenommen. Er fließt immer noch zu schnell. Wir schaffen es nicht mehr, den Schaden rechtzeitig zu reparieren."
„Aber mein lieber Mann", sagt Frau Biber, „was bist du so pessimistisch. Wir können es doch einfach versuchen."
„Ich probiere nicht einfach etwas, das keinen Sinn hat!", sagt Herr Biber. „Ich schon!", sagt Frau Biber. „Ich glaube sicher, dass wir die Burg fertig haben, bevor unsere kleinen Biber geboren werden." Sie beginnt, einen großen Ast zur Seite zu ziehen.
Aber Herr Biber sagt: „Was ist das für ein Unsinn? Du glaubst es? Du musst es sicher wissen! Und das weißt du nicht! Darum brauchst du auch gar nicht erst anzufangen!"

 *Siehst du das auch so? Warum?*

Frau Biber sagt: „Auch wenn ich es nicht sicher weiß, ich glaube es. Du kannst machen, was du willst, ich fange jedenfalls einfach an!"

Und das macht sie. Stamm für Stamm, Ast für Ast nagt sie durch. Sie schleppt alles Stück für Stück zu den Löchern in der Burg. Und obwohl sie immer wieder aufs Neue beginnen muss, weil der Fluss Stücke weggerissen hat, wird die Burg langsam, aber sicher wieder ein starkes Haus.

Und Herr Biber?

 *Was glaubst du, was er tun oder sagen wird? Warum?*

Gesprächsleitfaden

Frau Biber

Alter 8–12 Jahre

Gehalt Glauben, Wissen. Etwas unternehmen oder nicht, wenn man nicht genau weiß, ob es gelingen wird.

Kernziele Selbsterkenntnis. Die eigene Reaktion auf Unsicherheiten wahrnehmen. Umgang mit den Unsicherheiten von andern.

Offene Fragen

? Teilst du die Meinung von Herrn Biber? Warum? – Was würdest du tun, wenn du an Frau Bibers Stelle wärst?

?? Hättest du Frau Biber geholfen, obwohl du nicht genau weißt, ob es gelingt? Warum? – Was glaubst du, ohne es sicher zu wissen? Warum? – Oder glaubst du nichts, wenn es nicht sicher ist?

??? Wie findest du andere, die an etwas glauben, ohne es sicher zu wissen? – Wie findest du andere, die nichts glauben? Glaubst du, dass das möglich ist? Warum?

36 Pimpellotta

Pimpellotta ist die letzte Pimpelmeise im Vogelhäuschen. Dieses Häuschen ist ein Meisenhäuschen und hängt an einem Baum. Nur Pimpellotta wohnt noch dort. Ihre Brüder und Schwestern sind bereits ausgeflogen. Zusammen mit Papa und Mama sitzen sie nun in einem Gebüsch und rufen: „Pimpellotta, komm aus dem Häuschen heraus!" Papa und Mama klingen etwas besorgt, aber die Brüder und Schwestern lachen sie ein wenig aus. Das haben sie aber auch schon gemacht, als sie gerade aus dem Ei geschlüpft war. Warum? Tja, Pimpellotta war ein wenig kleiner als alle anderen und als sie ihren Vater fragte, warum das so sei, antwortete der Vater: „Das weiß ich nicht, mein Kleines. Ich denke, dass es dein Schicksal oder Los ist, einfach ein wenig kleiner zu sein."

Die Geschwister nannten sie Pimpellotta. Sie selbst hatten schönere Namen: Pimpelliese, Pimpelleo, Pimpellars, Pimpelline und Pimpelluise. Sie waren auch alle viel stärker. Wenn Papa und Mama Raupen zum Eingang des Vogelhäuschens brachten, konnte Pimpellotta nie so hoch kommen, denn sie war noch zu klein. Darum musste sie sich mit den Resten, die auf den Boden fielen, begnügen. Und deshalb wuchs sie auch nicht so schnell.

Doch jetzt versucht Pimpellotta, zum Eingangsloch zu springen. Nachdem sie es lange versucht hat, kann sie sich endlich am Rand festhalten und schaut durch das Loch. Nun sieht sie eine ganz andere Welt und entdeckt ihre Familie in einem Strauch. Tapfer lässt sie sich aus dem Loch fallen und fühlt, wie der Wind ihre Flügel anhebt. Sie fliegt! Sie hört, wie ihre Brüder und Schwestern um Essen betteln: „Wir wollen Raupen! Wir wollen Raupen!" Aber Papa und Mama sind todmüde. Die Geschwister wissen nicht, wie sie Raupen finden können, und piepen weiterhin lautstark um Essen.

Und Pimpellotta? Sie hat die ganze Zeit selbst im Vogelhäuschen nach Essen suchen müssen. Sie weiß also, wie es geht, sie hat es gelernt. Sie schaut sich so lange um, bis sie eine leckere grüne Raupe sieht, und „schwupps" – schon hat sie den appetitlichen Happen verschluckt.

Fatima und das Zelt

Vor langer Zeit lebte einmal in einer Stadt ein Mädchen, das Fatima hieß. Sie war die Tochter eines Garnspinners und konnte schon selbst schöne Fäden aus Schafwolle spinnen. Eines Tages musste ihr Vater geschäftlich in ein Land, das weit über dem Meer lag, verreisen. „Komm mit", sagte er zu seiner Tochter. „Du kannst mir helfen und wer weiß, vielleicht begegnest du einem Mann, den du heiraten möchtest." So bestiegen sie zusammen ein Schiff und fuhren über das Meer.

Alles verlief gut, bis eines Tages ein Sturm losbrach und das Schiff versank. Fatima wurde bewusstlos an einer Insel an Land gespült. Sie wusste nicht, wie sie dort hingelangt war. Sie war müde, hungrig, aber vor allem sehr traurig, weil sie ihre Familie vermisste. Und so wanderte sie über die Insel. Bald darauf fand eine Familie von Webern sie und nahm sie in ihr Haus auf. Sie sorgten für sie, aber dafür musste sie das Handwerk lernen: aus Fäden schöne, starke Tücher weben. Nachdem sie lange geübt hatte, gelang es ihr sehr gut.

Sie war sogar ein wenig glücklich. Aber dann geschah wieder etwas Schreckliches. Am Strand wurde sie von Sklavenhändlern gefangengenommen, die sie in ein noch ferneres

Land mitnahmen. Dort wollten sie das Mädchen verkaufen. Auf dem Sklavenmarkt bemerkte ein Mann sie, der Mitleid mit ihr bekam und sie als Haushälterin für seine Frau kaufte. Immer wenn sie mit ihrer Arbeit fertig war, musste sie dem Mann bei seiner Arbeit helfen: Er stellte Masten für Segelschiffe her. Sie arbeitete so eifrig und gut, dass der Mann und seine Frau sehr stolz auf sie waren.

Eines Tages fragte der Mann sie, ob sie mit nach China wollte, um eine Ladung Masten zu verkaufen. Sie wollte sehr gern. Aber das Schicksal schlug wieder zu. Ein Wirbelsturm vernichtete das ganze Schiff und Fatima konnte sich nur dadurch retten, dass sie sich an einem Masten festhielt. So erreichte sie sicher einen Strand. Sie dachte: „Wie kommt es nur, dass immer alles schiefgeht? Es ist sicherlich mein Schicksal." Und sie weinte und weinte und weinte …

 *Weißt du, warum in Fatimas Leben immer alles schief ging?*

Was Fatima nicht wusste, war, dass dem Kaiser vorhergesagt worden war, dass einst eine Frau aus dem Meer kommen würde, die für ihn ein Zelt machen konnte. Darum wurde Fatima, als sie von den Bewohnern des Landes gefunden wurde, sofort zum Kaiser gebracht. „Kannst du ein Zelt machen?", fragte er. „Ich kann es versuchen", antwortete sie. Fatima erinnerte sich, wie sie Fäden spinnen musste, und fand eine Pflanze, aus der sie starke Seile machen konnte: die Flachspflanze. Sie wusste, wie man die Fäden webt, sodass sie zu einem festen Tuch wurden. So entstanden die Zeltplanen. Da sie Masten machen konnte, wusste sie auch, wie man Zeltstangen macht. Auf diese Weise wurde das erste Zelt in China gebaut. Für den Kaiser war es ein Wunder und er fragte Fatima, ob sie seinen Sohn heiraten wollte.

Das tat sie gern und lebte fortan glücklich in China.

Gesprächsleitfaden

Pimpellotta
Fatima und das Zelt

Hintergrund Das Motiv der Geschichte „Fatima und das Zelt" kommt in vielen Formen in alten griechischen Erzählungen vor und wird vor allem durch umherreisende Derwische weitergetragen. Die Erzählung sollte gegebenenfalls durch Erklärungen über das Handwerk des Spinnens, Webens und Mastenbauens ergänzt werden.

Alter Geschichte 36: Pimpellotta, 6–8 Jahre
Geschichte 37: Fatima und das Zelt, 8–12 Jahre

Gehalt Das Leben und das Schicksal. Was ist das Lebenslos, was ist das Schicksal? Was immer du auch lernst oder lernen musst, es kann immer der Moment kommen, in dem du es brauchst. Alle Erfahrungen, die man im Leben macht, können nützlich sein, auch die negativen.

Kernziele Selbstbild. Eigene Möglichkeiten entwickeln. Umgang mit Erfahrungen, daraus lernen als Teil von Wachstum und Entwicklung. Von anderen lernen.

Offene Fragen

Pimpellotta

[?] Der Vater von Pimpellotta sagt: „Es ist dein Schicksal, dass du so klein bist.“ Was meint er damit? Findest du das auch? – Wie findest du die Brüder und Schwestern, die Pimpellotta auslachen?

[?][?] Gibt es etwas, was dein Schicksal ist? Etwas, was du bist oder nicht bist, was du kannst oder nicht kannst? Was ist das? Wie findest du das? Und andere?

[?][?][?] Pimpellotta hat etwas daraus gelernt, dass sie die Kleinste ist. Was, denkst du, ist das? – Was, glaubst du, wird weiter mit Pimpellotta und ihrer Familie geschehen? Kannst du die Geschichte weitererzählen?

Offene Fragen

Fatima und das Zelt

[?] Fatima musste viel von anderen lernen. Glaubst du, dass sie das wollte? Warum? – „Es ist sicher mein Schicksal, dass alles schiefgeht“, denkt Fatima. Was glaubst du?

[?][?] Wird sie für immer glücklich sein, nachdem sie den Sohn des Kaisers geheiratet hat? Warum? – Glaubt sie, dass es nun ihr Schicksal ist, dass alles gutgeht? Was meinst du?

[?][?][?] Hast du auch manchmal das Gefühl, dass alles schiefgeht? Weißt du dann, woher das kommt? – Hast du auch schon etwas lernen müssen, was du zunächst nicht so schön fandst, sich aber später als nützlich und gut erwiesen hat? – Was möchtest du noch gern lernen? Warum?

38 Die Affenbrücke

Am Ufer eines Flusses, weit weg in Indien, steht ein Baum mit herrlichen Früchten. Nur die Affen, die in der Nähe wohnen, wissen, wie lecker und gesund sie sind. Mit ihrem Anführer haben sie vereinbart, vorsichtig zu sein, damit die Früchte von anderen nicht entdeckt und aufgegessen werden.

Lange Zeit geht es gut. Aber einer der Affen hat heute Pech. Er sitzt gemütlich im Baum und nascht von den Früchten. Gleichzeitig versucht er, eine andere Frucht zu pflücken, um sie seiner Frau mitzubringen. Und das geht schief. Die Frucht fällt ihm aus der Hand und direkt in den Fluss, wo sie sofort von der Strömung mitgerissen wird.

Eine Stückchen weiter steht zufällig gerade der König mit seinem Gefolge am Fluss. Einer der Diener sieht die Frucht und holt sie aus dem Wasser. Nachdem er sie zunächst selbst probiert hat, bringt er sie zum König. „Mmmhhhh", sagt der König, „das schmeckt aber gut!" Er befiehlt einigen Dienern, auf die Suche nach den Früchten zu gehen. Nach einiger Zeit finden sie den Baum, aber sie entdecken auch die Gruppe der Affen, die die Früchte aufisst. Die Tiere müssen da weg, gefangen werden, bevor der König kommt. Mit großen Netzen umzingeln die Diener den Baum. Die Affen können nun nur noch zwei Dinge tun: sich fangen lassen oder in den Fluss springen, wo sie sicher ertrinken würden. Der Anführer der Affen sieht eine Möglichkeit, auf die andere Seite des Ufers zu gelangen. Da er der Größte ist, könnte er sich von einem Ast aus auf die andere Seite des Flusses schwingen und dort an dem Schilf festhalten.

Was glaubst du, wie die Geschichte weitergeht?

Die Affen haben nicht umsonst den Größten unter sich zum Anführer gewählt. Anstelle selbst schnell zum anderen Ufer zu gelangen, bleibt er als Brücke über dem Fluss hängen und lässt die ganze Gruppe über sich hinweg ans andere, sichere Ufer laufen. Als alle angekommen sind, ist er aber so erschöpft, dass er selbst in den Fluss fällt.

Der König, der inzwischen angekommen ist, sieht, was der Anführer für seine Gruppe getan hat. Er lässt ihn aus dem Wasser holen und hilft selbst mit, ihn unter den Früchtebaum zu legen. Dann setzt er sich zu ihm und sagt: „Ich habe gesehen, was du getan hast. Du hast mir gezeigt, wie ein gutes Oberhaupt sein sollte. Ich werde dafür sorgen, dass ihr, du und deine Gruppe, immer genügend Früchte habt. Und in den Fluss werde ich Steine legen lassen, sodass ihr immer sicher auf die andere Seite kommt!"

39 Die große Welle

Hamaguchi wohnte in einem kleinen Dorf in Japan. Er war reich und besaß die meisten Reisfelder in der Umgebung. Viele Dorfbewohner arbeiteten für ihn und verdienten so ihr Geld. Eines Abends stand Hamaguchi mit seinem Enkelsohn auf der Veranda seines Hauses, das hoch oben auf einem Hügel lag. Zusammen schauten sie auf das Meer, die untergehende Sonne und das Dorf unten an der Bucht.

Das Meer schien ruhig zu sein, aber Hamaguchi traute der Stille nicht recht. Als er noch einmal genau hinsah, erkannte er, warum. In der Ferne sah er, dass eine enorme Flutwelle begann, sich aufzubauen, und langsam näher kam. Es schien ein Tsunami zu sein.

Er zögerte keinen Moment, sondern bat seinen Enkel, eine brennende Fackel zu holen, und rannte damit zu den Reisfeldern. Dort angekommen, zündete er die erntereifen, trockenen Reisfelder an.

„Was machst du?", fragte sein Enkelsohn. „Du vernichtest die ganze Ernte!" Aber der alte Mann antwortete nicht und zündete auch noch die letzten Reisfelder an. Die Luft war voll mit Flammen und Rauch. Jetzt hörten sie unten im Dorf das Läuten der Feuerglocken.

Alle Dorfbewohner kamen den Bergweg heraufgeeilt, um beim Löschen der Reisfelder zu helfen. Sie waren noch nicht ganz oben angekommen, da hörten sie einen enormen Schlag. Die Flutwelle stürzte sich mit vernichtender Gewalt auf das Dorf. Nichts blieb heil.

Die Menschen waren bestürzt. Der Enkelsohn von Hamaguchi auch. Aber er sah auch, dass die Reisfelder nun völlig verbrannt waren. „Warum hast du deine kostbaren Felder angezündet, Großvater?", fragte er. Der Großvater antwortete: „Ich musste es tun, um dafür zu sorgen, dass die Menschen aus dem Dorf so schnell wie möglich hier hinaufkommen. So waren sie in Sicherheit, als die Flutwelle die Küste erreichte. Die Menschen sind kostbarer als meine ganze Ernte."

Gesprächsleitfaden

Die Affenbrücke
Die große Welle

Hintergrund „Die große Welle" ist eine Geschichte aus Japan. „Die Affenbrücke" wird Buddha zugeschrieben, der damit zum Nachdenken über Führungsverhalten anregen möchte.

Alter Geschichte 38: Die Affenbrücke, 6–8 Jahre
Geschichte 39: Die große Welle, 8–12 Jahre

Gehalt Nächstenliebe. Etwas von sich selbst opfern oder sich selbst anbieten, damit andere sicher und glücklich sind. An der Absicht von jemandem zweifeln. Die Absicht eines Menschen erkennen und daraus lernen.

Kernziele Für die eigene Sicherheit und die von anderen sorgen. Verantwortlich sein füreinander. Helfen. Die Absicht von anderen verstehen.

Offene Fragen — Die Affenbrücke

[?] Der Anführer der Affen lässt die anderen über sich laufen. Was hältst du davon?

[?][?] Machst du auch manchmal etwas für andere? Warum?

[?][?][?] Der König rettet den Affen, indem er ihn aus dem Wasser holen lässt. Hättest du das auch getan? Warum?

Offene Fragen — Die große Welle

[?] Was hättest du getan, wenn du gesehen hättest, dass sich eine große Flutwelle nähert? – Der Enkelsohn versteht nicht, was sein Großvater tut. Hamaguchi erklärt ihm, dass er die Felder wegen der Dorfbewohner angezündet hat. Kann er es jetzt verstehen? – Findest du es wichtig, anderen zu helfen, wenn es nötig ist?

[?][?] Als die Feuerglocke ertönt, rennen alle Bewohner zu den Feldern. Machen sie das freiwillig oder müssen sie das tun?

[?][?][?] Hilfst du anderen, weil du es musst oder weil du es willst?

40 Warum Spinnen so oft in der Ecke sitzen

In einem Land, weit weg in Afrika, hatten alle Hunger – die Menschen und die Tiere. Auch die Spinnen hatten Hunger, und das schon lange Zeit. Die Spinne Anansi, eine männliche Spinne, hatte Glück. Anansi hatte auf einem Feld Wurzeln gefunden, die man essen konnte. Es waren genug für seine ganze Familie. Aber was tat Anansi? Er sagte zu seiner Frau: „Ich fühle mich nicht gut. Vielleicht muss ich sterben. Wenn das wirklich geschieht, dann möchte ich auf meinem Wurzelfeld begraben werden, aber ihr dürft keinen Sand über mich streuen. Wenn es einen Himmel gibt und ich dorthin darf, dann möchte ich nicht erst noch den Sand von mir abklopfen müssen. Gib mir dann auch eine Pfanne, etwas Salz, ein paar Wurzeln und etwas Olivenöl mit." „Aber Anansi", sagte seine Frau, „was möchtest du denn damit nach deinem Tod machen? – Nun gut, weil du es bist, werde ich es tun." Einige Tage später bemerkte die Frau morgens, dass Anansi viel zu still neben ihr lag. Wie sie ihn auch hin- und herschüttelte, er bewegte sich nicht mehr. „Euer Vater ist tot", sagte sie traurig zu ihren Kindern. „Wir machen jetzt das, worum er uns gebeten hat."

Und so wurde Anansi mit den Gegenständen, die er aufgezählt hatte, in einer Mulde begraben, ohne Sand darüber zu streuen. – Aber Anansi war nicht tot! In der Nacht bereitete er sich von den Wurzeln in der Pfanne mit Öl und Salz sein Essen zu und aß sich seinen Bauch voll. Und als die Wurzeln zur Neige gingen, holte er sich einfach neue vom Feld.

Zugleich verstand die Frau von Anansi die Welt nicht mehr – es gab immer weniger Wurzeln auf dem Feld. „Das ist sicher ein Dieb, der nachts auf das Feld schleicht und die Wurzeln stiehlt", dachte sie. „Den erwische ich!" Sie baute eine Vogelscheuche, schmierte sie mit Leim ein und stellte sie auf das Feld. Anansi, der in der Nacht im Dunkeln aus seiner Mulde kroch, erschrak sich beinahe wirklich zu Tode. Er dachte, dass die Vogelscheuche lebt.

„Geh weg!", schrie er, rannte auf sie zu und gab ihr einen Tritt – und blieb an dem Leim festkleben. Was er auch versuchte, es gelang ihm nicht mehr, sich zu befreien.

So klebte er also noch an der Vogelscheuche fest, als seine Frau morgens auf das Feld kam. „Ein Wunder ist geschehen!", dachte die Frau von Anansi. Aber da bemerkte sie, dass ihr Mann einen roten Kopf bekam, und es dämmerte ihr, was geschehen war. „Schämst du dich nicht?", rief sie. „Ich schäme mich für dich! Alle Spinnen schämen sich für dein Verhalten!"

Sitzen Spinnen darum so oft in einer Ecke? Weil sie sich schämen?

Gesprächsleitfaden

Warum Spinnen so oft in der Ecke sitzen

Hintergrund Diese Geschichte ist ein afrikanisches Märchen.

Alter 6–12 Jahre

Gehalt Nur an sich selbst denken oder auch an andere denken und für sie sorgen. Habsucht und Betrügen und die Folgen davon für sich und für andere. Sich schämen.

Kernziele Für sich sorgen, ohne dass andere zu kurz kommen oder benachteiligt werden. Was ist Betrug? Was ist Schämen? Wofür schämst du dich? Tun andere das auch?

Offene Fragen [?] Wie findest du die Spinne Anansi? – Was würdest du tun, wenn es bald kein Essen mehr gibt? Warum? – Die Frau von Anansi sagt: „Alle Spinnen schämen sich für dich." Verstehst du, warum?

[?][?] Wie könnte Anansi sein Verhalten wiedergutmachen? – Schämst du dich auch manchmal für etwas, was ein anderer tut (Fremdschämen)? Für was und warum?

[?][?][?] Glaubst du, dass Anansi sich auch schämt? Warum? – Schämst du dich auch manchmal? Was machst du dann? – Weswegen sollten sich Erwachsene oder Kinder deiner Meinung nach schämen?

Das „Ja, aber …"-Füchslein

In einer Höhle unter den Wurzeln eines umgefallenen Baumes waren fünf junge Füchslein geboren worden. Mutter Fuchs bringt ihnen jeden Tag zu essen. Das kann ein großer Käfer sein, eine dicke Maus und manchmal ein totes Kaninchen. Oft hat Mutter es selbst gefangen, aber Vater Fuchs legt auch ab und zu etwas vor den Höhleneingang, wenn er auf der Jagd gewesen ist – meistens nachts oder ganz früh am Morgen. So wie heute. Er hat eine tote Ente mitgebracht und Mutter Fuchs hat sie den Jungen zum Frühstück gegeben. Nun sitzt sie draußen vor dem Eingang der Höhle und wartet.

Nachdem die jungen Füchse mit dem Essen fertig sind, schauen sie durch den Eingang hinaus und sehen Mutter Fuchs dort sitzen. Die Jungen sind noch niemals draußen gewesen. Sie waren bisher noch zu klein. Aber nun möchte einer von ihnen wissen, was es dort im Freien alles zu erleben gibt. Er klettert durch den Gang hinaus und weiß erst nicht so recht, was er da sieht. So viel Licht, so viele Farben. Er ist etwas durcheinander und flüchtet schnell zu seiner Mutter.

Drei weitere kleine Füchse kommen auch bald heraus. Nur ein Fuchs nicht. Mutter Fuchs schaut nach, warum er nicht herauskommen möchte. Das Füchslein sitzt scheu in einer Ecke der Höhle. „Was ist denn?", fragt Mutter Fuchs. „Ich fühle mich nicht gut", sagt das Junge. „Komm doch heraus", sagt die Mutter. „Ja, aber … da ist so ein helles Licht", kommt die Antwort. „Deine Brüder und Schwestern sind auch draußen!" „Ja, aber … ich trau mich nicht." „Vielleicht bringt Papa etwas Leckeres mit." „Ja, aber … vielleicht schmeckt es mir nicht." Mutter Fuchs fragt: „War es nicht schön mit uns allen zusammen in der Höhle?" „Ja, das schon", antwortet das Junge. „Wenn wir zusammen draußen sind, wird es auch schön sein!", sagt Mutter. „Wir finden es schön, wenn du auch dabei bist." Da freut sich das junge Füchschen sehr. Es vergisst alle seine „Ja, aber …" und springt glücklich hinter seiner Mutter hinaus ins Freie.

42 Glücklich ohne Hemd

Es war einmal ein König, der sich müde, krank und alt fühlte. Er verließ seinen Palast nicht mehr und hatte innerhalb seines Palastes meistens keine Lust, irgendetwas zu tun. Eines Tages rief er seinen königlichen Leibarzt zu sich und sagte: „Ich fühle mich nicht gut. Du musst dafür sorgen, dass es mir wieder besser geht." Der Leibarzt tat zusammen mit anderen klugen Ärzten, was er nur konnte: Sie ließen den König eine Medizin nach der anderen trinken, ließen ihn allerlei Pillen schlucken, aber nichts half ihm. Der jüngste Doktor hatte schließlich einen guten Einfall: „Ich glaube, wir müssen den König erst glücklich machen, damit er wieder gesund wird."

Alle anderen lachten ihn aus. Dann bemerkten sie aber, dass sie auch keine bessere Idee hatten, und fragten: „Wie willst du das machen?" Der junge Arzt antwortete: „Tja, das weiß ich auch nicht. Aber in unserem Land wohnt ein weiser alter Mann, den werde ich fragen." Gesagt, getan! Er ging mit seiner Frage zu dem weisen Mann und bekam von ihm folgende Antwort: „Reise mit dem König durch das Land, bis er jemanden gefunden hat, der glücklich ist. Diesen Mann, diese Frau oder dieses Kind muss er um das beste Hemd bitten."

Es dauerte eine Weile, bis der König bereit war, mitzugehen, aber schließlich waren sie soweit. Er machte sich mit seinem Leibarzt, dem jungen Doktor und allen anderen Menschen, die nötig waren, um ihn gut zu versorgen, auf den Weg. Unterwegs begegneten sie vielen Menschen. Jedes Mal fragte der König sie: „Bist du glücklich?" Manchmal war die Antwort „Nein", manchmal war sie „Ja", aber dann wurde doch schnell ein „Ja, aber …" daraus und es folgten noch viele Wünsche. Der König wurde ganz verzweifelt. Gab es denn niemanden, der einfach nur glücklich war? Inzwischen hatte er auf seiner Reise alle Städte und Dörfer des Landes gesehen. Darum sagte der junge Arzt: „Ich glaube, dass die gesunde Bergluft dem König gut tun wird. Sollen wir in die Berge gehen?" Nach kurzer Überlegung beschloss die Gruppe, es zu tun.

Dort angekommen, hörten sie eines Morgens, wie jemand wunderbar auf einer Flöte spielte. Sie schauten, wo die Melodie herkam, und fanden einen Mann, der mit seiner Flöte an einer schönen Stelle an einem Bach saß. „Bist du glücklich?", fragte der junge Arzt. „Ja, das bin ich!", antwortete der Mann. „Durch dich kann unser König gesund und glücklich werden", sagte der Leibarzt. „Er wird dich als Dank dafür reich machen, reicher als du es dir jemals erträumt hast!" „Aber ich bin schon reich", sagte der Mann. „Ich habe alles, was ich brauche, hier bei mir." Er zeigte auf sich selbst, auf seine Flöte, seinen Rucksack und auf seine verschlissenen Kleider. „Ich bin wirklich glücklich."

Da fragte der König: „Darf ich dein bestes Hemd haben?" Der Flötenspieler war kurz still, dann sagte er: „Wenn ich es hätte, würde ich es dir gern geben. Aber ich habe kein bestes Hemd, ich habe überhaupt kein Hemd."

Alle hielten den Atem an. Was jetzt?
Der Flötenspieler fragte nun: „Darf ich fragen, wofür du es brauchst?"

„Ja, das darfst du", antwortete der König. „Aber eigentlich weiß ich es selbst nicht. Allerdings fühle ich mich durch meine Reise und die vielen Begegnungen mit all den Menschen schon viel besser und hier in den schönen Bergen habe ich deinem Flötenspiel gelauscht. Ich glaube, ich bin jetzt durch all diese Erfahrungen glücklich geworden und brauche dein Hemd gar nicht mehr."

Gesprächsleitfaden

Das „Ja, aber ..."-Füchslein
Glücklich ohne Hemd

Hintergrund Die Geschichte „Glücklich ohne Hemd" ist die Bearbeitung einer Geschichte, die in Osteuropa, Asien und Nordafrika erzählt wird.

Alter Geschichte 41: Das „Ja, aber ..."-Füchslein, 6–8 Jahre
Geschichte 42: Glücklich ohne Hemd, 8–12 Jahre

Gehalt Was ist Glück? Was ist Unglücklichsein? Was kann der Grund dafür sein, dass man sich nicht gut fühlt? Die Bedeutung anderer für das eigene Glück.

Kernziele Wodurch wird verstärkt oder vermindert, ob man sich gut fühlt?
Die eigene Haltung und Verantwortung. Die Bedeutung von anderen, sich abhängig machen von anderen. Selbst glücklich sein durch andere oder weil andere glücklich sind.

Offene Fragen

Das „Ja, aber ..."-Füchslein

? Ein junger Fuchs kam nicht hinaus, er fühlte sich nicht gut. Warum? Hast du das auch manchmal?

?? Der Fuchs sagt oft: „Ja, aber ..."
Sind seine Zweifel berechtigt? Oder nicht?

??? Wodurch veränderte sich das „Ja, aber ..."? Was hat ihn glücklich gemacht? – Würde dich das auch glücklich machen? Warum?

Offene Fragen

Glücklich ohne Hemd

[?] Der König fühlte sich erst müde, krank und alt und verlangte, dass jemand dafür sorgen sollte, dass er sich besser fühlt. Ist das möglich? Was glaubst du? Warum? – Wie findest du die Idee des weisen Mannes „Bitte um das Hemd eines glücklichen Menschen!"?

[?][?] Stell dir einmal vor, der König hätte das Hemd eines glücklichen Menschen bekommen. Wie wäre die Geschichte dann weitergegangen? – Fühlst du dich auch manchmal nicht gut oder unglücklich? Wie könnte sich das ändern? Kannst du selbst etwas dazu beitragen? Kann jemand anders etwas für dich tun, damit es dir besser geht?

[?][?][?] Glaubst du, dass der weise Mann wusste, dass das Hemd eines glücklichen Menschen den König auch nicht glücklich machen würde? Was glaubst du? Warum? – Wenn er es wusste, warum hat er ihm dann diesen Rat gegeben? – Kannst du dir vorstellen, dass jemand wirklich glücklich ist und nichts mehr braucht, um glücklich zu sein? – Kann jemand dich glücklich machen? Kannst du jemanden glücklich machen? Warum ja, warum nein?

43 Der Wolf und der Wachhund

Eines Morgens lief ein magerer, hungriger Wolf an einem Bauernhof vorbei. In diesem Moment kam ein Hund aus dem Haus. Sie wollten beide gleichzeitig etwas sagen, dann sagte der Wolf: „Du darfst zuerst." „Ich wollte sagen, dass du schrecklich aussiehst. Du hast schon lange nichts mehr gegessen oder?", sagte der Hund. „Jetzt du!" „Ich wollte sagen, dass du sehr gut aussiehst", sagte der Wolf. „Sie geben dir sicher gut zu essen auf dem Bauernhof." Schon allein bei dem Gedanken an Essen lief dem Wolf das Wasser im Mund zusammen.

„Tja, das Leben ist für einen Wachhund gut. Du kannst das auch werden, wenn du möchtest. Es ist eine ruhige Arbeit und man bekommt reichlich Futter." Der Wolf wollte das gern tun und zusammen liefen sie zu dem Bauernhof. Plötzlich bemerkte er etwas an dem Hund. „Was ist das für ein seltsames Band um deinen Hals? Wofür ist das?", fragte er ihn. „Ach, das? Ich bin an einer Kette angebunden, wenn ich den Hof bewachen muss."

„An einer Kette? Sie machen dich an einer Kette fest?" Der Wolf erschrak zutiefst. Er könnte es sich niemals vorstellen, festgemacht zu sein. Sofort drehte er sich um und rannte so schnell wie möglich weg. „Das ist nichts für mich", rief er dem Wachhund zu. „Nur für Essen will ich nicht an eine Kette gebunden werden. Da wähle ich lieber den Hunger und die Freiheit!"

Gesprächsleitfaden

Der Wolf und der Wachhund

Hintergrund Diese Geschichte ist die Bearbeitung einer Fabel von Aesop.

Alter 6–12 Jahre

Gehalt Freiheit. Was ist Freiheit uns wert? Was würden wir dafür opfern? Bedeutet Freiheit für jeden das gleiche?

Kernziele Der Unterschied zwischen sich frei fühlen oder nicht frei sein und die Gründe dafür. Umgang mit den unterschiedlichen Ansichten darüber, was Freiheit ist.

Offene Fragen

? Der Wolf hat lieber Hunger als eine Arbeit als Wachhund und gutes Essen. Kannst du das verstehen? – Glaubst du, dass der Wachhund sich frei fühlt?

? ? Der Wachhund findet sein Leben gut. Für den Wolf ist es unmöglich, so zu leben. Wie kann es sein, dass sie so unterschiedlich darüber denken?

? ? ? Was hättest du lieber: Frei sein und wenig haben oder sogar hungern oder viel besitzen, gut essen und dafür viel für andere tun müssen? – Was bedeutet dir Freiheit? Wie frei möchtest du sein? Wie frei dürfen andere sein?

44 Weiße Christbaumkugeln

Irgendwo in einem kleinen Dorf haben die Menschen eine Krise. Nun ja, eine kleine Krise. Es ist nämlich so:

Das Dorf hat nur **einen** Bäcker, **einen** Gemüsehändler, **eine** Drogerie, **einen** Metzger und **einen** Gemischtwarenladen. In letzterem Laden möchten die Leute wieder ihre bunten Christbaumkugeln kaufen, aber das ist dieses Jahr nicht möglich. Sie bekommen von dem Ladenbesitzer nur zu hören: „Ich habe dieses Jahr nur weiße Kugeln!" „Das wird doch kein Fest, wenn wir nur weiße Kugeln haben", sagt ein Kunde verärgert. „Ich bekomme Besuch, ich schäme mich mit einem solch langweiligen Weihnachtsbaum zu Tode!", sagt der Nächste. „Das ist einfach dumm! Wie konntest du nur weiße Kugeln kaufen?", ist die wütende Frage eines anderen. „Tja, die Wirtschaftskrise …", sagt der Ladenbesitzer. „Es gab keine anderen Kugeln."

Da jeder schließlich Christbaumkugeln haben möchte, kaufen alle notgedrungen die weißen. Um nun ein schönes Weihnachtsfest zu veranstalten, glauben alle, dass sie noch etwas anderes dazu tun müssten, und denken sich die unterschiedlichsten Dinge aus: Der eine lässt die Kinder selbst gebastelte Sachen in den Baum hängen, der andere heimwerkt selbst etwas Schönes. Der Nächste denkt: „Ich lade die Nachbarn ein, das ist gemütlich."

Es gibt sogar eine Gruppe, die beschließt, für Menschen, die allein leben, einen schönen Abend zu gestalten. Die Vorbereitungen zum Singen und Erzählen sind in vollem Gange. Es wird gekocht und gebraten – und es hängen weiße Kugeln im Baum. Auf die eine oder andere Art und Weise wird es durch die weißen Christbaumkugeln ein viel schöneres Fest als all die Jahre zuvor.

Gesprächsleitfaden

Weiße Christbaumkugeln

Alter 6–12 Jahre

Gehalt Feste feiern, um nach außen etwas darzustellen, oder füreinander. Zusammen für eine gute Atmosphäre sorgen.

Kernziele Was ist wichtig bei einem Fest? Was kannst du dazu beitragen?

Offene Fragen [?] Die Menschen sind böse auf den Ladenbesitzer, weil er nur weiße Kugeln hat. Wie findest du das?

[?][?] Was findest du wichtiger: einen schön verzierten Baum oder eine gemütliche Stimmung an Weihnachten? – Durch die weißen Kugeln wurde das Fest noch schöner als sonst. Kannst du erklären, wie das möglich ist?

[?][?][?] Was ist für dich das Wichtigste an Weihnachten? – Was könnte dein eigener Beitrag sein, um ein schönes Fest daraus zu machen?

45 Was man findet, darf man behalten?

Eines Tages ging eine Schildkröte mit einem Korb voller Gemüse aus dem eigenen Garten zu ihrem Bruder. Sie wollte das Gemüse gern gegen etwas Mais eintauschen, denn sie backte so gern Maiskekse. Sie war schon eine ganze Weile gelaufen und es war sehr warm. Der Korb war schwer und es war noch weit. Als sie das Wasser eines Baches plätschern hörte, dachte sie nicht lange nach. Sie setzte den Korb am Wegrand ab, lief zu dem Bach und ließ sich einfach in das kühle Wasser hineinfallen. „Nur ganz kurz", sagte sie zu sich selbst.

Genau in diesem Augenblick kam ein Affe des Weges und sah den Korb. „Das ist ja Glück!", lachte er. „Da steht einfach ein schöner Korb mit Gemüse für mich." Er nahm den Korb, setzte sich an einen schattigen Platz im Gebüsch und fing an zu essen.

Als die Schildkröte zurückkam, verstand sie die Welt nicht mehr. „Hier stand doch eben noch mein Korb! Jetzt ist er einfach weg! Es wird ihn doch niemand mitgenommen haben? So gemein kann doch keiner sein."
„Ach ja?", hörte sie einen Schmetterling nahe an ihrem Ohr leise sagen. „Dann schau doch einmal hinter das Gebüsch!"
Dort fand die Schildkröte den Affen, der ihr Gemüse aß.
„Der Korb gehört mir!", rief die Schildkröte verärgert.
„Tut mir leid", sagte der Affe, „ich habe ihn auf dem Weg gefunden. Es war niemand in der Nähe, deshalb durfte ich ihn nehmen."

Natürlich war die Schildkröte damit nicht einverstanden. „Ich gehe zum Richter Elefant!", sagte sie. „Ja, tu das! Du kennst das Gesetz vielleicht nicht, aber ich! Auf diesem Weg gilt: Was man findet, darf man behalten."

Die Schildkröte begriff, dass sie den Korb von dem Affen nicht zurückbekommen würde, und lief aus dem Gebüsch auf den Weg zurück, um zum Richter zu gehen. Aber was sie dort auf dem Weg sah, brachte sie auf eine andere Idee! Sie sah den Schwanz des Affen auf dem Weg liegen … und biss kräftig hinein!

Jammernd kam der Affe aus dem Gebüsch hervor. „Tja", murmelte die Schildkröte zwischen den Zähnen durch. „Was man auf diesem Weg findet, darf man behalten."

Wie endet diese Geschichte? Hast du eine Idee?

Gesprächsleitfaden

Was man findet, darf man behalten?

Hintergrund Diese Geschichte stammt aus Afrika und wird erzählt, um Erwachsene und Kinder zum Nachdenken anzuregen.

Alter 6–12 Jahre

Gehalt Ehrlichkeit und Eigeninteresse. Eigene Gesetze und Regeln machen. Gerechtigkeit. Das Recht selbst in die Hand nehmen. Wo beginnt und endet Besitz?

Kernziele Ursachen und Lösungsmöglichkeiten von Konflikten. Respekt vor anderen und deren Eigentum.

Offene Fragen

[?] Glaubt der Affe wirklich, dass jemand den Korb für ihn dort hingestellt hat? Wenn nein, warum sagt er das dann zu sich selbst? – Was hätte er auch stattdessen zu sich selbst sagen können? – Der Schmetterling verrät der Schildkröte, wo der Affe ist. Hättest du das auch gemacht? Warum?

[?][?] Der Affe sagt: „Was man findet, darf man behalten." Findest du das auch? Warum? – Die Schildkröte beißt dem Affen in den Schwanz. Findest du das eine gute Idee? Was hättest du gemacht? – Wie findest du es, wenn jemand ungefragt deine Sachen benutzt oder wegnimmt? – Hast du auch schon einmal etwas ohne Erlaubnis benutzt oder mitgenommen? Warum? Wie hat der Besitzer reagiert? Was hat er dann gemacht? Warst du damit einverstanden?

[?][?][?] Findest du, dass die Schildkröte das Recht hatte, den Affen zu bestrafen? Oder hätte sie besser zum Richter gehen sollen? Kannst du deine Meinung erklären? – Was glaubst du, was der Richter zu der Schildkröte und dem Affen gesagt hätte? Warum?

46 Die kleine Fee

Eine kleine Fee schwebte durch den Wald. Sie wandelte von Blume zu Blume, grüßte die Tiere, denen sie begegnete, und genoss die Sonne, die durch die Blätter schien. Eigentlich hätte sie einige Sachen üben müssen, die sie noch nicht so gut konnte. Sie seufzte, als sie daran dachte. „Wie bekomme ich einen einzigen Tautropfen von einem Spinnennetz, ohne dass all die anderen Tropfen mich nass machen? Wie wird die Farbe für die Herbstblätter gemacht? Wie bekomme ich eine Schnecke so weit, dass sie ein wenig von ihrem Klebstoff abgibt, damit die weißen Punkte auf den Fliegenpilzen angeklebt werden können?" Oh, das war alles so schwer. „Warum kann ich nicht alles auf einmal gut und richtig machen?", dachte sie.

Plötzlich sah sie in einem Loch eines Baumes etwas glänzen. Neugierig kam sie näher und entdeckte einen Zauberstab. Es war der Stab einer großen Fee. Die kleine Fee schaute sich um, sah aber keine große Fee. Sie war sicher in der Nähe mit etwas beschäftigt und hatte ihren Stab in das Versteck in dem Baum gelegt. „Was soll ich jetzt machen?", dachte die kleine Fee. „Hier bei dem Zauberstab warten, bis die große Fee kommt? Den Stab liegenlassen? Ihn mit nach Hause nehmen? Oder … soll ich versuchen, mit dem Stab zu zaubern?"

Nein, das tat sie nicht. Aber da flüsterte eine Stimme in ihr: „Darum können die großen Feen alles: Sie haben ihren Zauberstab. Wenn ich auch einen hätte, könnte ich auch alles, was ich jetzt noch lernen muss!"

Die Fee konnte es nicht lassen. Sie nahm den Zauberstab, schwang ihn durch die Luft und sagte: „Ich wünsche mir … ich wünsche mir …, dass ich alles kann!" – und machte ihre Augen zu.

Kurz darauf machte sie die Augen wieder vorsichtig auf. Und was sah sie?

Sie sah ein Spinnennetz, voll mit Tautropfen. Daran hing eine Karte: „Übungsnetz zum vorsichtigen Aufnehmen von Tautropfen." Daneben sah sie Farbe, Malkasten und Töpfchen, um die Farben zu mischen. Ebenso war da eine große Schnecke für Klebstoff. Und ein dickes Buch: „Zaubern kann man lernen" stand darauf.

47 Was möchtest du haben?

Es war einmal ein Junge, der durch eine Stadt lief. Er schlenderte tief in Gedanken versunken durch die Straßen. Plötzlich stand er still, weil er gemerkt hatte, dass er etwas sah, das sonst noch nie dagewesen war. Auf der anderen Straßenseite stand auf den Fenstern eines alten Ladens in großen Buchstaben: Geschäft.

Da er von seinem Platz aus nicht sehen konnte, was für eine Sorte Geschäft es war, ging er hinüber und schaute durch das Fenster. Auf einem Brett im Schaufenster lagen ein paar Körner. Neugierig drückte er die alte, kupferne Klinke hinunter und öffnete die Tür. Eine Glocke ertönte. Er ging hinein und sah einen Tresen, hinter dem jemand stand. Als er näher kam, bemerkte er zu seiner großen Überraschung, dass die Gestalt hinter dem Tresen wie ein Engel aussah – oder wie eine Fee. Aber es war einfach nur eine alte Frau. Als er sich schließlich wieder gefasst hatte, fragte er: „Was verkaufen Sie denn hier?"

Die Frau lächelte freundlich. „Was denkst du? Ich verkaufe alles, was du haben möchtest. Was möchtest du? Sag es ruhig."

Der Junge besann sich kurz, dann sprudelte es aus ihm heraus: „Ich möchte gern eine gute Arbeit, viel Geld verdienen, ich möchte eine liebe Frau, nette Kinder und ein schönes Haus. Ich möchte viel Zeit haben, um schöne Dinge zu unternehmen, und ich möchte, dass mich alle Menschen mögen. Und ein guter Musiker möchte ich gern sein. Und …" Jetzt konnte er nichts mehr sagen, denn er musste kurz Luft holen.

„Halt, warte einmal", sagte die Wunschfrau. „Ich glaube, du hast mich nicht richtig verstanden." Sie zeigte auf die Körner im Schaufenster. „Ich verkaufe keine Früchte, ich verkaufe nur die Samen!"

Gesprächsleitfaden

Die kleine Fee
Was möchtest du haben?

Hintergrund

„Was möchtest du haben?" Eine wunderliche Geschichte. Wenn wir sie als Metapher für unseren Umgang mit Kindern sehen, stellt sich die Frage: Was möchten wir ihnen geben – die Samen oder die Früchte?

Alter

Geschichte 46: Die kleine Fee, 6–8 Jahre
Geschichte 47: Was möchtest du haben? 8–12 Jahre

Gehalt

Alles hat einen Anfang und man muss einen Weg gehen, um das zu werden, was man möchte. Die Erfüllung von Wünschen ist die Frucht der eigenen Arbeit (mit etwas Hilfe von anderen und mit Glück). Die Erfüllung von Wünschen gibt es nicht zu kaufen. Oder doch?

Kernziele

Beginnen, Wachsen, Ausprobieren, Lernen sind Schritte auf dem Weg zu deinem Ziel. Anderen dabei helfen und selbst Hilfe annehmen. Selbstständig entdecken und erfahren lassen.

Offene Fragen

Die kleine Fee

[?] Was hat die kleine Fee durch den Zauberstab bekommen? War es das, was sie wollte? Was denkst du? – Wärst du zufrieden damit?

[?][?] Verstehst du die kleine Fee, die eigentlich alles sofort können möchte? – Was kannst du noch nicht, würdest es aber gern können? Kannst du damit anfangen, es zu lernen?

[?][?][?] Wie wäre die Geschichte weitergegangen, wenn die kleine Fee sich alles hätte zaubern können?

Offene Fragen

Was möchtest du haben?

[?] Was verkauft die Wunschfrau denn eigentlich? Konnte man dort überhaupt etwas kaufen? Was meinte sie mit „Ich verkaufe keine Früchte, ich verkaufe nur Samen"? – Was ist die Botschaft dieser Geschichte?

[?][?] Hast du Wünsche? Wer oder was möchtest du gern sein? Was brauchst du dazu? Was kannst du selbst tun, damit deine Wünsche in Erfüllung gehen?

[?][?][?] Stelle dir einmal vor, die Wunschfrau hätte dem Jungen alle seine Wünsche erfüllt. Wäre er dann glücklich? Oder würde ihm doch etwas fehlen? Wenn ja, was wäre das? – Gibt es Wünsche, die du dir erfüllen könntest, wenn du genug Geld hättest? – Gibt es auch Wünsche, die man nicht mit Geld erfüllen kann?

48 Der kleine Unkrautsamen

Im Vorratsschuppen des Bauern liegen in Behältern verschiedene Samenkörner und warten darauf, gesät zu werden. Es sind Blumensamen, Gemüsesamen und Kräutersamen.

„Wisst ihr", sagt ein Blumensamen, „es ist wichtig, dass es mich gibt. Wenn ich in der Erde bin, werde ich wachsen und eine Pflanze mit schönen Blüten."
„Wenn ich gesät wurde", sagt ein Gemüsesamen, „dann werde ich eine Pflanze, an der Gemüse wächst. Das ist sehr gesund. Also ist es sehr wichtig, dass es mich gibt."
„Natürlich", sagt der Kräutersamen, „aber dass es mich gibt, ist auch sehr wichtig! Ich werde eine Kräuterpflanze und mache das Essen schmackhaft. Man kann auch gesunde Salben und Tinkturen aus mir machen. Und schön bin ich auch!"

Auf dem Boden liegt ein Unkrautsamen und hört still zu. Er hört, was die Samen alle von sich sagen, und fragt sich: „Ist es auch wichtig, dass es mich gibt?"

Was glaubst du? Warum?

Gesprächsleitfaden

Der kleine Unkrautsamen

Alter 6–12 Jahre

Gehalt Selbstbild. Sich selbst wertschätzen. Andere wertschätzen und selbst wertgeschätzt werden.

Kernziele Einander respektieren und wertschätzen. Eigenheiten und Unterschiede, die Vorteile und die Nachteile davon. Sich von der Wertschätzung anderer abhängig machen.

Offene Fragen

[?] Der Unkrautsamen fragt sich selbst, ob er wichtig ist. Was denkst du? – Ist es auch wichtig, dass es dich gibt? Was findest du selbst?

[?][?] Finden es andere wichtig, dass es dich gibt? Wer? Wie ist das für dich? – Glaubst du, dass es Menschen gibt, für die es nicht wichtig ist, dass es dich gibt? Wie findest du das?

[?][?][?] Was findest du wichtig in deinem Leben? Warum? – Gibt es Menschen, die dir nicht wichtig sind? Warum?

49 Das Gewicht von Vertrauen

Ein Metzger und ein Bauer hatten eine gute Vereinbarung getroffen. Zumindest dachten sie das. Wenn der Metzger dem Bauern Wurst für ein Kilo geben würde, sollte der Bauer ihm dafür ein Kilo Butter geben. Somit wären sie beide zufrieden.

Eine Zeitlang ging alles gut, bis der Metzger schließlich bemerkte, dass die Butter des Bauern scheinbar immer leichter wurde. Er legte die Butter auf eine Waagschale und tatsächlich: Es war weniger als ein Kilo.

Er ging zu dem Bauern und sagte: „Du betrügst mich! Ich gebe dir eine Wurst und bekomme dafür von dir nicht genug Butter zurück!" Der Bauer schwor hoch und heilig, dass es nicht so war. Sie begannen lautstark zu streiten, bis schließlich ein Polizist eingreifen musste.

„Wie kannst du beweisen, dass du dem Metzger immer genau ein Kilo Butter gegeben hast?", fragte der Polizist den Bauern. „Nun, das ist ganz einfach", antwortete der Bauer. „Wenn ich die Wurst bekommen habe, habe ich sie immer auf die eine Seite der Waagschale gelegt und auf der anderen Seite genau so viel Butter hineingetan, bis die Waagschale im Gleichgewicht war. Das kann doch nichts anderes als ehrlich sein?"

Stell dir vor, du bist der Polizist. Wie löst du diese Situation?

Gesprächsleitfaden

Das Gewicht von Vertrauen

Hintergrund Diese Geschichte wurde für Kinder bearbeitet, die Herkunft ist nicht bekannt. Mit den jüngsten Kindern kann es sinnvoll sein, die Geschichte mit einer Waage anschaulich darzustellen.

Alter 6–12 Jahre

Gehalt Ehrlichkeit, Vertrauen, Missbrauch von Vertrauen, Gerechtigkeit.

Kernziele Ehrlichkeit als Charaktereigenschaft. Anderen vertrauen und selbst ein Mensch sein, dem man vertraut. Unehrlichkeit als Ursache von Konflikten. Die Aufgabe von Autoritäten, Konflikte zu lösen.

Offene Fragen [?] Glaubst du, dass der Metzger nicht ehrlich ist? Warum?

[?][?] Was, glaubst du, denkt der Bauer? Wie wird er sich in Zukunft verhalten?

[?][?][?] Denkst du, dass der Metzger und der Bauer ihren Streit selbst lösen können? Was könnte die Lösung sein? – Glaubst du, dass der Polizist behilflich sein kann? Wenn ja, wie? – Glaubst du, dass der Bauer dem Metzger nun noch vertrauen wird? – Gibt es jemanden, dem du nicht mehr vertraust? Warum? Kann das wieder in Ordnung kommen? Wie? – Gibt es auch jemanden, der dir nicht mehr vertraut? Warum? Was kannst du tun, um es wiedergutzumachen und das Vertrauen zurückzugewinnen?

50 Der geduldige Büffel

Ein indischer Wasserbüffel mit sehr großen Hörnern lag unter einem Baum und schlief. Zwischen den Blättern des Baumes hindurch leuchteten zwei schalkhafte Augen. Sie gehörten einem kleinen Äffchen, das einen neckenden Reim sprach:

„Unter'm Baum liegt ein uralter Büffel,
er liegt ganz versteinert hier.
Ich hab keine Angst vor dem Büffel,
doch er hat viel Angst vor mir."

Danach sprang es hinunter und landete genau auf dem Rücken des Büffels. Der Büffel öffnete ein Auge, sah, dass es nur ein Affe war, der auf seinem Rücken tanzte, und machte sein Auge wieder zu.

Der Affe hatte eine neue Idee: Er sprang auf den Kopf des Büffels, hielt sich an den zwei Hörnern fest und schaukelte wild hin und her. Der Büffel öffnete nun zwei Augen, schaute sich um und machte sie wieder zu. „Womit kann ich den Büffel nun wirklich ärgern?", fragte sich der Affe.

Nun erwachte der Büffel, stand auf und ging grasen. Auf einmal wusste der Affe es. Er stampfte das Gras platt, das der Büffel fressen wollte. Aber der Büffel tat nichts. Er drehte sich einfach um und begann, ein Stückchen weiter zu grasen. Nun wurde der Affe böse. Er schlug den Büffel mit einem Stock, aber dieser tat immer noch so, als ob er nichts merkte. Der Affe wurde nur selbst immer wütender.

Inzwischen waren andere Wasserbüffel näher gekommen und einer von ihnen sagte: „Du bist solch ein mächtiger Büffel. Mit einem Hieb deines Schwanzes oder einem Stoß deiner Hörner könntest du den Affen fortschlagen. Warum lässt du dich von ihm so ärgern?"

„Ach", sagte der Büffel, „es ist doch nur ein kleiner Affe. Er weiß es nicht besser. Er schadet sich ja nur selbst. Wenn ich ihm wehtue, werde ich davon auch nicht glücklicher."

Daraufhin muhte einer der Büffel so laut, dass der Affe vor lauter Schreck in den Baum flüchtete. Und wenn die Büffel unter dem Baum stehen geblieben sind, sitzt er da heute immer noch.

Gesprächsleitfaden

Der geduldige Büffel

Hintergrund Diese Geschichte ist die Bearbeitung einer Buddha-Legende.

Alter 6–12 Jahre

Gehalt Ärgern, Mobben, Necken. Die Unterschiede und Gründe dafür. Wenig Selbstrespekt haben. Wenig Respekt vor anderen haben. Bedürfnis nach Aufmerksamkeit. Auf Ärgern oder Necken reagieren oder nicht.

Kernziele Ärgern, Necken, Mobben. Die eigene Reaktion darauf. Wie reagieren andere darauf? Was bewirkt es untereinander?

Offene Fragen

[?] Wie findest du das, was der Affe macht? Warum tut er das? – Wie findest du den Büffel? Findest du es gut, dass er nicht reagiert? Warum? – Was würdest du machen? Was würde dann geschehen? Wie wäre das? Warum? – Was hältst du von Ärgern? Und von Necken? Und von Mobben? Was ist der Unterschied?

[?][?] Wirst du auch manchmal geärgert? Was machst du dann? Hilft das? Steht dir dann jemand zur Seite? – Ärgerst du auch manchmal jemanden? Warum? – Wenn du siehst, dass jemand anders geärgert wird, hilfst du ihm dann? Warum?

[?][?][?] Verstehst du, warum der Büffel so geduldig ist? Hat er Mitleid? Würdest du auch so handeln?

Quellenangaben

Antonia Barber:

- **Verborgen verhalen uit Oost-Europa.**
  ISBN 906238773X
  (Geschichte 42)

Frans Becker:

- **Afrikaanse sprookjes.**
  ISBN 9038908539
  (Geschichte 12)

Dick Bloemraad u. a.:

- **De koning en de indiaan. Verhalen uit Nicaragua.**
  ISBN 9025838987
  (Geschichte 32)

Anne Heleen Bijl, Neeltje Arfaoui-Lutter:

- **De wijze en zijn zeven zonen. Verhalen van Marokkaanse immigranten.**
  ISBN 9062523854
  (Geschichte 5)

Josef Guter:

- **Tibetaanse Sprookjes.**
  ISBN 903890780X
  (Geschichten 7, 9, 11)

Bob Hartman, Krisztina Kállai Nagy:

- **Het rondjewereld verhalen boek.**
  ISBN 9789057882784
  (Geschichten 20, 23, 39)

Erich Kaniok:

- **De taal van de stilte. Verhalen en parabels uit Oost en West.**
  ISBN 9056701371
  (Geschichten 12, 22, 42)

Erich Kaniok:

- **Sleutels tot het hart. Verhalen en parabels uit Oost en West.**
  ISBN 9056701142
  (Geschichte 31)

Erich Kaniok, Leo Kaniok:

- **Voorbij de woorden.**
  ISBN 9789056701932
  (Geschichte 20)

F. A. L. Kreiken-Pape:

- **Turkse sprookjes en legenden.**
  ISBN 9789027404824
  (Geschichten 2, 34)

Noor Inayat Khan:

- **Boeddha legenden.**
  ISBN 9070104245
  (Geschichten 16, 38, 50)

Margaret Mayot:

- **Sprookjes uit alle windstreken.**
  ISBN 9062385710
  (Geschichte 3)

Richard McLean:
- **Zen fabels voor een moderne tijd.**
ISBN 905501740X
(Geschichte 14)

Noni Lichtveld:
- **Anansi.**
ISBN 9070545055
(Geschichte 40)

Hiawyn Oram:
- **Wie is het slimst? Dierenverhalen uit Afrika.**
ISBN 9056370626
(Geschichten 18, 45)

James Riordan:
- **Het lied van mijn kano. Indiaanse mythen en legenden.**
ISBN 9789050162623
(Geschichte 25)

Idries Shah:
- **Derwisjen vertellen.**
ISBN 9020253972
(Geschichte 26, 37)

- **www.verhalenalmanak.nl**
(Geschichten 3, 15, 18, 20, 23, 40)

Von Nel de Theije-Avontuur verfasste Geschichten:

Geschichte 1:	Keggi, die Elster
Geschichte 6:	Mollum und Mollo
Geschichte 8:	Sonnenblumenkerne und Sonnenblumen
Geschichte 10:	Die Zirkusschule; Schöne Federn
Geschichte 17:	Allewinde
Geschichte 19:	Die Spieluhr
Geschichte 21:	Osten, Westen – zu Hause am besten?
Geschichte 24:	Das Orchester der Grillen
Geschichte 27:	Frau Schnecke bekommt ein Haus
Geschichte 29:	Ein weißer Schwanz
Geschichte 30:	Gemeinsam zu schlau für die Jäger
Geschichte 33:	Karl, der kleine Gänserich
Geschichte 35:	Frau Biber
Geschichte 36:	Pimpellotta
Geschichte 41:	Das „Ja, aber …"-Füchslein
Geschichte 44:	Weiße Christbaumkugeln
Geschichte 46:	Die kleine Fee
Geschichte 48:	Der kleine Unkrautsamen

Biografie

Nel de Theije-Avontuur

Nel de Theije-Avontuur ist verheiratet, Mutter und Oma. Sie arbeitete in den Niederlanden in der Schule und im Bildungsbereich, mit Kindern im Kindergarten, in der Grundschule und mit Erwachsenen. Die meiste Zeit verbrachte sie mit der Arbeit an einer Mytylschule für Kinder mit motorischen Einschränkungen, Lernschwierigkeiten und Auffälligkeiten im Sozialverhalten. Während ihrer Tätigkeit war sie immer auf der Suche nach Erzählungen, die sie, aber besonders die Kinder zum Nachdenken anregen könnten. Inspiriert durch die gesammelten Erzählungen begann sie, sinnvolle Geschichten zu bearbeiten und selbst zu verfassen. Dazu entwarf sie Gesprächsleitfäden, die mit den 50 philosophischen Geschichten für Kinder in vorliegendem Buch zusammengefasst sind.

Literaturtipps

Brüning, Barbara:
- **Philosophieren in der Grundschule.**
Cornelsen Scriptor 2014.
ISBN 978-3-589-16000-6

Friedrich, Gerhard u. a.:
- **Mit Kindern philosophieren.**
Beltz, 2013.
ISBN 978-3-407-62829-9

Kaniok, Leo; Theije-Avontuur, Nel de:
- **55 philosophische Geschichten für Kinder.**
Verlag an der Ruhr, 2012.
ISBN 978-3-8346-2246-4

Michalik, Kerstin; Schreier, Helmut:
- **Wie wäre es, einen Frosch zu küssen?**
Westermann, 2013.
ISBN 978-3-14-162074-0

Palmstorfer, Brigitte; Schimek, Bernhard:
- **20 x Philosophieren für 45 Minuten.**
Verlag an der Ruhr, 2012.
ISBN 978-3-8346-0956-4

Links

- **www.geschichten-netzwerk.de**
  Geschichten und Zitate aus aller Welt zum Philosophieren mit Kindern

- **www.kinderphilosophie.ch**
  Schweizerische Dokumentationsstelle für Kinder- und Alltagsphilosophie

- **www.lumen-naturale.de**
  Beiträge zur Philosophie von Dr. Christoph Quarch

Bildnachweis

alle Fotolia.com:

S. 10: Mosaik © hui_u
S. 15: Covermotiv © ambrozinio
S. 18: Pfeil und Bogen © grafxart
S. 20: Koalabär © Friedberg
S. 23: Frosch © busch30
S. 28: Hahn © dieter76
S. 31: Sonnenblume © Irochka
S. 33: Fuchs © Pim Leijen
S. 42: bunte Federn © Maksim Shebeko
S. 43: Papagei © grafign
S. 47: Maus © yevgeniy11
S. 48: Hase © Anatolii
S. 49: Löwe © Eric Isselée
S. 54: Nilpferd © kyslynskyy
S. 56: Kranich © SunnyS
S. 59: Spieluhr © Matthias Nordmeyer
S. 61: Frosch © Anatolii
S. 62: Frösche © japhoto
S. 64: Kantschil © kajornyot
S. 67: Nachtszene © klagyivik
S. 69: Grille © Eric Isselée
S. 70: Traumfänger © Frederico di Campo
S. 73: Mücke © JPS
S. 74: Elefantenherde © JohanSwanepoel
S. 75: Schnecke © DenisNata
S. 77: Schildkröte © nizami
S. 79: Eichhörnchen © fotomaster
S. 81: Hase © Oleg Zhukov
S. 83: Suppe © Mara Zemgaliete
S. 86: Ring © viktoriya89
S. 87: Gans © Diego Barbier
S. 91: Biberbau © Alois
S. 93: Zelt © ibphotow
S. 95: Raupe © Ziga Camernik
S. 96: Vogelhäuschen © fotospirale
S. 99: Reisfelder © sarajyu
S. 101: Vogelscheuche © sharpner
S. 105: Gebirgsfluss © Galletto Marco
S. 107: Fuchswelpe © DragoNika
S. 108: Wolf © JackF
S. 110: Tanne mit Kugeln © Tom
S. 111: Tannenzweig © spline_x
S. 115: Körner © emuck
S. 117: Fee © Sergey Khamidulin
S. 118: Keimling © paladin1212
S. 120: Waage © YURY MARYUNIN
S. 122: Büffel © dfikar